O CÓDIGO DE
HAMURABI

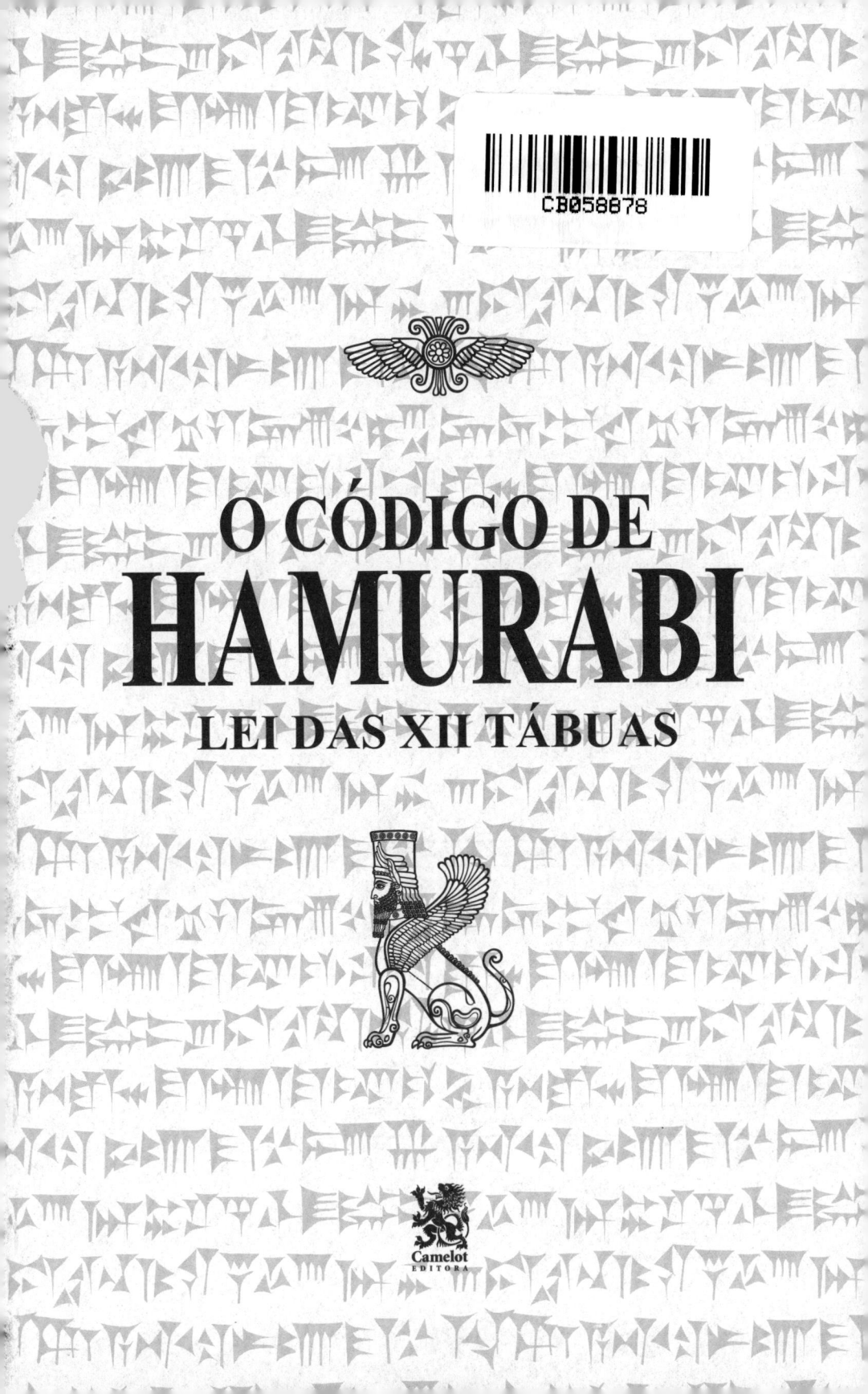

LEI DAS XII TÁBUAS

CONHEÇA NOSSO LIVROS ACESSANDO AQUI!

Copyright desta tradução © IBC - Instituto Brasileiro De Cultura, 2023

Título original: The Oldest Code of Laws in the World by King of Babylonia Hammurabi
Reservados todos os direitos desta tradução e produção, pela lei 9.610 de 19.2.1998.

1ª Impressão 2023

Presidente: Paulo Roberto Houch
MTB 0083982/SP

Coordenação Editorial: Priscilla Sipans
Coordenação de Arte: Rubens Martim
Diagramação: Renato Darim
Tradução: Murilo Oliveira de Castro Coelho
Preparação do texto: MC Coelho - Produção Editorial

Vendas: Tel.: (11) 3393-7727 (comercial2@editoraonline.com.br)

Foi feito o depósito legal.
Impresso na China

Dados Internacionais de Catalogação na Publicação (CIP) de acordo com ISBD

C181c   Camelot Editora
           O Código de Hamurabi - Lei das XII Tábuas / Camelot Editora.
           - Barueri : Camelot Editora, 2023.
           96 p. ; 15,1cm x 23cm

           ISBN: 978-65-85168-63-2

           1. Direito. 2. Direito Babilônia. 3. Código Legal. 4. Hamurabi. I. Título.

2023-2394   CDD 340
                                  CDU 340.15

Elaborado por Odilio Hilario Moreira Junior - CRB-8/9949

IBC — Instituto Brasileiro de Cultura LTDA
CNPJ 04.207.648/0001-94
Avenida Juruá, 762 — Alphaville Industrial
CEP. 06455-010 — Barueri/SP
www.editoraonline.com.br

Sumário

Nota prévia 5

Prefácio 7

Introdução 11

Apresentação 15

Prólogo 21

A Estrutura do Código de Hamurabi 25

Análise do Código 35

O Mais Antigo Código de Leis do Mundo 51

O Código de Hamurabi 53

Epílogo 91

Nota Prévia

Robert Francis Harper (1864-1914), um assiriologista estadunidense, professor da Universidade de Chicago, traduziu o Código de Hamurabi com apoio da editora dessa universidade e também da Callaghan & Company, cuja primeira edição foi publicada em outubro de 1903, com o título "The Code of Hammurabi: King of Babylon, About 2250 B. C." (O Código de Hamurabi: rei da Babilônia, cerca de 2250 a.C.). Essa tradução de Harper também foi publicada pela Luzac & Company, uma livraria sediada em Londres, especializada em livros orientais e estrangeiros.

Inserimos aqui o Prefácio e o Prólogo na íntegra, um trecho da Introdução, e o Epílogo da obra, os quais têm informações muito úteis tanto para a contextualização quanto para oferecer melhor compreensão aos leitores de "O Código de Hamurabi".

Prefácio

Em janeiro de 1903, planejei fazer uma transliteração e uma tradução do Código de Hamurabi no número de julho ou outubro do *The American Journal of Semitic Languages and Literatures* (AJSL). Logo ficou evidente que seria necessário fazer um estudo cuidadoso do texto do Código, conforme publicado em reprodução fotográfica por Peter Scheil em seu excelente comentário sobre o Código. Esse estudo levou o autor do texto a disponibilizá-lo aos alunos. Posteriormente, em consulta com meu irmão, o presidente William Rainey Harper[1], foi decidido tornar o plano mais completo e publicar os resultados de nossos estudos em dois volumes, o primeiro contendo o texto autografado, a transliteração, a tradução, o índice de assuntos, as listas de nomes próprios, sinais, numerais,

---

1 William Rainey Harper (1856-1906) foi um líder acadêmico norte-americano e clérigo batista. Harper ajudou a estabelecer a Universidade de Chicago e a Universidade de Bradley e atuou como o primeiro presidente de ambas as instituições (William Rainey Harper. Encyclopaedia Britannica. Disponível em: https://www.britannica.com/biography/William-Rainey-Harper. Acesso em: 6 jun. 2023).

erros e rasuras, e o segundo discutindo o Código em sua conexão com o Código Mosaico.

Uma transliteração e uma tradução foram feitas antes de 1º de agosto de 1903. O texto autografado foi publicado no número de outubro (1903) da AJSL. As listas de sinais, numerais, erros e rasuras ficaram prontas em outubro e na primeira semana de novembro e foram impressas no número de janeiro (1904) da AJSL. Desde agosto, poucas mudanças foram feitas na tradução. A transliteração, entretanto, passou por muitas pequenas alterações. Ambas estavam nas provas finais quando recebi "Die Gesetze Hammurabis und ihr Verhältnis zur mosaischen Gesetzgebung" (*As leis de Hamurabi e sua relação com a legislação mosaica*), de David Müller, em vinte e nove de dezembro de 1903, bem como a obra "Hammurabi's Gesetz" (As leis de Hamurabi), de Kohler e Peiser, em doze de janeiro de 1904. Aceitei uma leitura de Müller no § 47 e acrescentei a Kohler-Peiser, em uma nota de rodapé, sua transliteração da difícil passagem no Epílogo, 41.103-104. Fiz bom uso das excelentes traduções de Winckler e de meu amigo, o reverendo C. H. W. Johns, do Queens College, em Cambridge. Esse último também me enviou algumas de suas anotações não publicadas, que foram úteis em alguns pontos. As monografias acadêmicas de J. Jeremias e Oettli foram muito úteis para mim.

Devo ao professor Christopher Johnston, da Johns Hopkins University, várias sugestões sobre a tradução, cuja cópia datilografada ele gentilmente leu; ao meu colega da universidade, professor Ira Maurice Price, pela leitura das provas das primeiras quarenta placas do texto autografado; e ao meu aluno, o Sr. R. B. McSwain, que me prestou valiosa assistência de várias maneiras. Estou em dívida com meu aluno, o Sr.

Prefácio

A. H. Godbey, companheiro do curso de Línguas Semíticas na Universidade de Chicago, por autografar, sob minha direção, o texto e as Listas e pela preparação do índice de assuntos; e com o Dr. William Muss-Arnolt por ler uma prova da transliteração, da tradução e do glossário.

As tabelas de dinheiro e medidas no índice são baseadas no artigo "Babylonia", no *Hastings' Dictionary of the Bible* (Hendrickson Pub, 1998). Espera-se que a Parte II seja publicada em setembro ou outubro de 1907.

Para meu amigo e ex-colega da Universidade de Chicago, professor Franklin P. Mall, M.D, diretor do Laboratório Anatômico da Universidade Johns Hopkins, tenho a honra de dedicar este volume.

ROBERT FRANCIS HARPER.

Haskell Oriental Museum[2,]

Universidade de Chicago, 1º de fevereiro de 1904.

---

2 O Haskell Oriental Museum foi concluído em 1896, na Universidade de Chicago (EUA), onde funcionou o Departamento de Línguas Semíticas, bem como o Departamentos de Religião Comparada.

Introdução

O monumento no qual o Código de Hamurabi está gravado foi encontrado em dezembro de 1901 e janeiro de 1902, na acrópole de Susa, por uma expedição enviada pelo governo francês sob o comando do diretor geral, M. de Morgan. Trata-se de um bloco de diorito preto, com quase dois metros de altura, quebrado em três pedaços que foram facilmente unidos novamente. Foi encontrado outro fragmento que não pertence a esse Monumento, mas que contém um texto correspondente à Coluna 41, 72-80, o que leva à conclusão de que outra cópia desse famoso Código existiu em Susa. No anverso há um baixo-relevo (ver Frontispício) exibindo o rei Hamurabi recebendo as leis do deus Sol, ao qual corresponde a história de Moisés recebendo as palavras dos Dez Mandamentos de Javé.

Sob esse relevo estão gravadas dezesseis colunas de texto, quatro e meia das quais formam o Prólogo. Originalmente, havia mais cinco colunas no anverso, mas elas foram cortadas pelos conquistadores elamitas, do antigo reino a leste da Babilônia.

No reverso, há vinte e oito colunas, sendo que as últimas cinco formam o Epílogo. Há muitas razões para acreditar que esse Código de Leis foi publicado em vários lugares. Podemos aceitar a opinião de Vincent Scheil, seu primeiro estudioso, tradutor e editor, e Winckler[3] de que a cópia encontrada em Susa pode ter sido tomada como pilhagem por Sutruque-Nacunte[4] (cerca de 1100 a.C.) e levada para sua capital elamítica. Existem fragmentos de cópias posteriores em tabletes e eles permitiram restaurar o texto em um ou dois lugares. Esses fragmentos posteriores, com transliteração e tradução, formarão um dos apêndices da Parte II.

Hamurabi, identificado pela maioria dos assiriologistas como sendo Anrafel, de Gênesis 14:1[5], foi o sexto rei da Primeira Dinastia da Babilônia e reinou por cinquenta e cinco anos, cerca de 2250 a.C. C. Temos um bom relato de sua vida e de seus feitos nas cartas que ele escreveu a Sin-idinnam[6] e na *Crônica dos*

---

3 Hugo Winckler (1863-1913) foi um arqueólogo e historiador alemão que descobriu a capital do Império Hitita (Hattusa), na Turquia. Estudioso das línguas do antigo Oriente Médio, escreveu extensivamente sobre o cuneiforme assírio e o Antigo Testamento, compilou uma história da Babilônia e da Assíria, publicada em 1891, e traduziu o *Código de Hamurabi*.
4 Sutruque-Nacunte foi rei de Elão que reinou por volta de 1 185 a.C. à 1 155 a.C. Ele e seus filhos trouxeram seu apogeu ao reino elamita. Nascido em Susã, Sutruque-Nacunte lançou várias expedições militares contra o Império Babilônico. Depois de tomar as cidades do baixo Diala, seguiu para o oeste, em direção ao Eufrates, conquistando Sipar, dividindo a Babilônia em duas partes, descendo para o sul, em direção a Quis e conquistando a capital, quase sem resistência (CASSI, Elena; BOTTÉRO, Jean. Los imperios del Antiguo Oriente – del paleolítico a la mitad del segundo milênio. Traductores: Genoveva Dieterich & Jesús Sánchez Maza. Madrid: Closas-Orcoyen, 1982).
5 E aconteceu nos dias de Anrafel, rei de Sinar, Arioque, rei de Elasar, Quedorlaomer, rei de Elão, e Tidal, rei de Goim (Gênesis 14:1. Bíblia Online. Disponível em: https://www.bibliaonline.com.br/acf/gn/14. Acesso em: 6 jun. 2023).
6 Governou a antiga cidade-Estado de Larsa, no Oriente Próximo, de 1785 a.C. a 1778 a.C. Ele era filho de Nur-Adad, com quem pode ter havido uma breve sobreposição de corregência (FITZGERALD, Madeleine André. The rulers of Larsa. Tese. 190 f. (Doutorado em Filosofia). Faculty of the Graduate School of Yale University, 2002. Disponível em: http://cuneiform.ucla.edu/staff/fitz/dissertation.pdf. Acesso em: 6 jun. 2023).

Introdução

Reis da Babilônia, ambas editadas com grande cuidado pelo Sr. L. W. King. Em seu prólogo e epílogo ficamos sabendo que ele foi um grande soldado e um rei piedoso e temente a Deus, que destruiu todos os seus inimigos ao norte e ao sul e fez que seu povo vivesse em paz e segurança. Ele codificou as leis existentes para que os fortes não oprimissem os fracos, para que fizessem justiça aos órfãos e às viúvas e para que corrigissem os erros.

Ele reconstruiu cidades e canais, restaurou templos e os dotou de meios para sacrifícios, restabeleceu cultos e reuniu seu povo.

A sociedade na época de Hamurabi consistia legalmente nas seguintes classes: 1) awilum; 2) muskênum e wardum-amtum, e seus direitos e privilégios eram claramente definidos. A primeira, awilum, incluía os chefes de família, os proprietários de imóveis, os ricos e as classes mais altas. Awilum tem sido traduzido como homem ou pessoa. Em alguns lugares, é quase necessário traduzir *gentleman* como "cavalheiro" em vez de homem livre. O segundo, muskênum, foi traduzido de várias maneiras (homem pobre, servo, homens que tinham certas regalias no uso de terras etc. A etimologia da palavra mostra que o muskênum era pobre. Entretanto, ele podia ter propriedades e escravos. Ele era livre. Ele ocupava uma posição intermediária entre o awilum, homem de classe alta, e o wardum-amtum, escravo. Usei o termo escravo liberto. A terceira classe, wardum-amtum, consistia em escravos do sexo masculino e feminino. Havia também uma classe de funcionários públicos que recebia subsídios do governo. É difícil determinar os deveres exatos desses oficiais. Traduzi como oficial de recrutamento, mensageiro militar, oficial de polícia e alguém do serviço público. A posição das mulheres, que era elevada legalmente, de concubinas, devotas etc., será discutida na Parte II.

O texto apresentado nas Placas I-LXXXII foi reconstruído e editado pelas fotografias publicadas por Scheil no Tomo IV, *Textes élamites-sémitiques of the memoires de la délégation en perse* (Paris, Leroux, 1902). Ele foi impresso no número de outubro (1903) do *The American Journal of Semitic Languages and Literatures*. Desde então, o excelente artigo de Ungnad, "Zur Syntax der Gesetze Hammurabis" (Sobre a sintaxe das leis de Hamurabi), apareceu na "Zeitschrift für Assyriologie" (*Revista de Assiriologia*), em novembro de 1903 (v. XVII, 4), e eu aceitei e incorporei em meu texto algumas leituras[...] que aparecem em meu texto. Editar um texto com base em uma fotografia é uma tarefa muito diferente de editar uma cópia original. Na verdade, sou da opinião de que uma edição de um texto assírio ou babilônico que se pretenda final deve voltar aos originais. Portanto, pode haver espaço para diferenças de opinião em relação a muitas pequenas cunhas que não são essenciais para nenhuma forma dos sinais em que se encontram. Algumas restaurações foram tentadas, e nelas eu segui Scheil em sua maior parte. No entanto, fui obrigado a discordar dele em alguns pontos. Foram feitas apenas as restaurações que me pareceram razoavelmente certas. Outras, que eram menos certas, foram colocadas na transliteração.

[...] Em outros casos, não hesitei em mudar a forma de expressão para fins de clareza. Não foi feito nenhum esforço para evitar linguagem técnica e jurídica.

Apresentação

O Código de Hamurabi é um dos monumentos mais importantes da história da raça humana. Contendo as leis que foram elaboradas por um rei da Babilônia no terceiro milênio a.C., cujo governo se estendia por toda a Mesopotâmia, desde a foz dos rios Tigre e Eufrates até a costa do Mediterrâneo, devemos considerá-lo com interesse. Mas quando refletimos que a antiga tradição hebraica atribuiu a migração de Abraão de Ur dos Caldeus a esse mesmo período, e claramente pretende representar o pai de sua tribo como triunfante sobre esse mesmo Hamurabi (Amraphel, Gên. xiv. 1), dificilmente podemos duvidar que essas mesmas leis faziam parte dessa tradição. De qualquer forma, elas devem ter servido para moldar e fixar as ideias de direito em todo aquele grande império e, assim, formar uma sociedade em Canaã quando, quinhentos anos depois, os hebreus começaram a dominar aquela região.

Tal foi o efeito produzido nas mentes das gerações seguintes por essa soberba codificação das decisões judiciais de épocas passadas, que passaram a ser consideradas "o direito", que dois mil anos ou mais depois ela foi transformada em um livro-texto para estudo nas escolas da Babilônia, sendo dividida para esse fim em cerca de doze capítulos e intitulada, segundo o costume semita, *Nînu ilu sirum*, com base em suas palavras iniciais. Na Assíria também, no século VII a.C., foi estudado em uma edição diferente, aparentemente sob o título de "Os julgamentos de justiça que Hamurabi, o grande rei, estabeleceu". Esses fatos apontam para a certeza de que ela afetou a visão judaica antes e depois do exílio, de uma forma que podemos esperar encontrar tão fundamental quanto a influência babilônica na cosmologia ou na religião.

Por muitos anos, fragmentos foram conhecidos, estudados e, com base em evidências internas, atribuídos ao período da primeira dinastia da Babilônia, até mesmo chamados pelo nome de Código Hamurabi. É motivo de orgulho que a Assiriologia, uma ciência tão jovem que só este ano comemorou o centenário de seu nascimento, seja capaz de imitar a astronomia e prever a descoberta de estrelas tão brilhantes como essa. Embora certamente devêssemos ter direcionado nossos telescópios para a Babilônia para ver o surgimento dessa luz do Oriente, foi realmente em Elam, em Susa, a antiga Persépolis, que a descoberta foi feita. Os elamitas foram os grandes rivais da Babilônia por séculos, e parece provável que algum conquistador elamita tenha levado a pedra de um templo em Sippara, na Babilônia.

Seja como for, devemos ao governo francês, que há anos vem realizando explorações em Susa sob a supervisão de M. J. de Morgan, o fato de um monumento, desenterrado apenas em janeiro, ter sido copiado, transcrito, traduzido e publicado em um magnífico volume quarto, em outubro. O texto antigo é reproduzido por fotogravura de uma forma que permite ao estudante verificar palavra por palavra o que o competente editor, o padre V. Scheil, professor da École des Hautes-Études, apresentou como sua leitura dos sinais arcaicos. O volume, que aparece como Tomo IV, *Textes Élamites-Sémitiques, dos Mémoires de la Délégation en Perse* (Paris, Leroux, 1902), é naturalmente bastante caro para o leitor comum. Além disso, a tradução do eminente sábio francês, embora se distinga por aquela fraseologia clara que é uma característica tão encantadora de todo o seu trabalho, muitas vezes é mais uma paráfrase do que uma tradução. O leitor comum, que deseja avaliar por si mesmo a importância do novo monumento, será forçado a se perguntar como e por que a mesma palavra no original recebe interpretações tão diferentes. Será necessário um estudo prolongado para revelar o significado completo de muitas passagens, e pode ser útil para esse resultado apresentar ao público uma tradução alternativa em uma roupagem inglesa. Não é preciso dizer que os acadêmicos continuarão a usar a edição de Scheil como a fonte definitiva, mas, para fins comparativos, uma tradução literal pode ser bem-vinda como introdução.

O monumento em si consiste em um bloco de diorito preto, com quase dois metros de altura, encontrado em pedaços, mas que foi prontamente reunido. Ele contém no anverso uma representação muito interessante do rei Hamurabi, recebendo suas leis do deus-sol sentado Šamaš, "o juiz do céu e da terra". Seguem-se, no anverso, dezesseis colunas de escrita com 1.114 linhas. Havia mais cinco colunas nesse lado, mas elas foram apagadas e a pedra repolida, sem dúvida pelo conquistador elamita, que pretendia inscrever seu nome e títulos ali. Como perdemos essas cinco colunas, podemos lamentar que ele não tenha realmente feito isso, mas agora não há nenhum vestígio de qualquer dica sobre quem levou a pedra. No verso, há vinte e oito colunas com mais de 2.500 linhas de inscrição.

O rei dedicou um grande espaço, cerca de 700 linhas, para apresentar seus títulos, sua glória, seu cuidado com seus súditos, sua veneração por seus deuses e, incidentalmente, revelar as cidades e distritos sob seu domínio, com muitas dicas interessantes sobre os cultos locais. Ele também invocava bênçãos para aqueles que preservassem e respeitassem seu monumento e amaldiçoava aqueles que o ferissem ou o removessem. Não apresentamos uma tradução dessa parte, pois ela é ininteligível sem comentários abundantes e não se enquadra no objetivo deste livro, que visa apenas a tornar o Código inteligível.

Gostaria de expressar minha gratidão ao Dr. F. Carr por suas muitas sugestões gentis sobre o significado do Código.

Espera-se que o índice sirva mais ou menos como um resumo do Código. Uma grande dificuldade de qualquer tradução de um documento legal deve ser sempre o fato de que as expressões técnicas de um idioma não podem ser traduzidas em termos que sejam coextensivos. A tradução terá implicações estranhas ao original. Uma tentativa de minimizar equívocos é feita sugerindo interpretações alternativas no Índice. Além disso, ao rotular uma determinada seção, como a lei do incesto, por exemplo, fixa-se definitivamente o sentido em que a tradução deve ser lida. Portanto, espera-se que o índice seja tão útil quanto a tradução para dar aos leitores uma ideia do que o Código realmente significa.

Sem dúvida, esse monumento notável será objeto de muitas monografias valiosas no futuro, que elucidarão bastante as passagens hoje obscuras. Mas pensou-se que o interesse do assunto justificava a publicação imediata de uma tradução em inglês, que colocaria as principais características do Código diante de um público mais amplo do que aqueles que puderam ler o original. A presente tradução é necessariamente provisória em muitos pontos, mas espera-se que represente um avanço em relação às já publicadas.

A versão do Código feita pelo Dr. H. Winckler chegou às minhas mãos depois que este trabalho foi enviado aos editores, e não achei necessário retirar nenhuma de minhas versões. Em alguns pontos, ele melhorou o trabalho do professor Scheil, em outros pontos ele não é tão bom. Mas não cabe aqui qualquer discussão. Reconheço com gratidão minhas obrigações para com ambos, mas usei meu julgamento independente durante todo o processo. Espero, em breve, expor minhas razões para as diferenças entre nós em um trabalho maior. Algumas das interpretações do Dr. Winckler são citadas no Índice e marcadas com a tradução de Winckler.

C. H. W. Johns.
Cambridge,
31 de janeiro de 1903.

Prólogo

Quando o sublime Anu, rei dos Anunnaki, e Bel, senhor do céu e da terra, aquele que determina o destino da terra, confiaram o governo de toda a humanidade a Marduk, o filho principal de Ea; quando o engrandeceram entre os Igigi; quando pronunciaram o sublime nome de Babilônia; quando a tornaram famosa entre os quadrantes do mundo e em seu meio estabeleceram um reino eterno cujos alicerces eram firmes como o céu e a Terra – naquela época, Anu e Bel me chamaram, Hamurabi, o príncipe exaltado, o adorador dos deuses, para a justiça prevalecer na Terra, para destruir os perversos e os maus, para impedir que os fortes oprimam os fracos, para sair como o Sol sobre a raça da cabeça negra, para iluminar a terra e promover o bem-estar do povo. Hamurabi, o governador nomeado por Bel, sou eu, que trouxe a abundância e a fartura; que tornou tudo completo para Nippur e Durilu; o exaltado defensor de E-kur; o rei sábio, que restaurou

Eridu em seu lugar; que purificou (Col. II) o santuário[7] de
E-apsu; que invadiu os quatro cantos do mundo; que engrandeceu a fama da Babilônia; que alegrou o coração de Marduk, seu senhor; que servia diariamente em Esagila; da semente real que Sin gerou; que encheu a cidade de Ur com abundância; o piedoso e suplicante que trouxe abundância a E-gis-sir-gal; o rei diplomático, obediente ao poderoso Shamash; que refundou Sippar; que revestiu de verde os santuários de Malkat; que decorou E-babbara, que é como uma morada celestial; o guerreiro, o protetor de Larsa; que reconstruiu E-babbara para Shamash, seu ajudante; o senhor, que deu vida à cidade de Uruk; que forneceu água em abundância para seus habitantes; que ergueu as torres de Eanna; que trouxe riquezas para Anu e Nana; o protetor divino da terra; que reuniu o povo disperso de Nisin; que abasteceu E-gal-mah com luxuosa abundância; o monarca, o rei da cidade, o irmão de Za-ma-ma; que lançou os alicerces do assentamento de Kish; que cercou E-te-me-ur-sag com esplendor; que construiu os grandes santuários de Nana; o patrono do templo de Har-sag-kalama, o túmulo do inimigo; cuja ajuda traz a vitória[8](Col, III); que estendeu os limites de Cutha; que ampliou Shid-lam em todos os sentidos; o poderoso touro, que fere o inimigo; o amado de Tu-tu; que tornou bela a cidade de Borsippa[9]; o exaltado que foi incansável para o bem-estar de Ezida; o divino rei da cidade, sábio e inteligente, que ampliou os assentamentos de Dilbat; que armazenou grãos para o poderoso Urash; o senhor adornado com cetro e coroa, a quem o sábio deus Ma-ma revestiu com poder total; que definiu os limi-

---

7   Ou culto.
8   Cuja ajuda permite que a pessoa atinja seu desejo.
9   Literalmente, quem plantou, cultivou.

Prólogo

tes de Kish; que tornou suntuosos os esplêndidos banquetes em homenagem a Nin-tu; o sábio e perfeito, que determinou o pasto e regando peixes para Shir-pur-la (Lagash) e Girsu; que forneceu grandes sacrifícios para o Templo de Cinquenta; que captura o inimigo; o favorito do deus exaltado (oráculo); que colocou em execução as leis de Aleppo; que alegra o coração de Anunit; o ilustre príncipe, cujo levantamento de mãos Adad reconhece; que pacifica o coração de Adad, o guerreiro, em Karkar; que restabeleceu os compromissos em E-ud-gal-gal; o rei que deu vida a Ud-nun-ki; o benfeitor do templo E-mah; o nobre rei da cidade; o soldado que não tem igual; (Col. IV) que deu vida à cidade de Mashkan-shabri; que derramou abundância sobre Shid-lam; o sábio governador, que capturou as cavernas dos bandidos (?), que providenciou um esconderijo para o povo de Malka em seu infortúnio; que fundou moradias para eles em abundância; que determinou para sempre os esplêndidos sacrifícios para Ea e Dam-gal-nunna, que estenderam seu domínio; o rei da cidade, o primeiro em sua hierarquia; que subjugou os assentamentos ao longo do Eufrates; o guerreiro de Dagan, seu criador; que protegeu o povo de Mera e Tutul; o príncipe exaltado, que faz brilhar a face de Nana; que estabeleceu esplêndidos banquetes para Nin-a-zu; que ajuda seu povo em tempos de necessidade; que estabelece a segurança de suas propriedades na Babilônia; o governador do povo, o servo, cujas ações são agradáveis a Anunit; que instalou Anunit em E-ul-mash, na larga estrada de Agane; que fez a justiça prevalecer e que governou a raça com retidão; que devolveu a Ashur sua graciosa divindade protetora; que fez o sol nascente (?) brilhasse intensamente; o rei que tornou o nome de Nana glorioso em E-mish-mish em Nínive: o exaltado, que faz súplicas aos grandes deuses; o descendente de Sumulailu, o poderoso filho de Sinmu-ballit (Col. V), a antiga semente da realeza, o poderoso rei, o Sol da Babilônia, que fez que a luz se espalhasse pelas terras de Sumer e Akkad; o rei que fez os quatro cantos do mundo prestarem obediência; o favorito de Nana, sou eu. Quando Marduk me enviou para governar o povo e trazer ajuda ao país, estabeleci a lei e a justiça na Terra e promovi o bem-estar do povo.

A estrutura do Código de Hamurabi

Traduzido do original: The Structure of the Hammurabi *Code*, de autoria do professor David G. Lyon, docente na Harvard University, Cambridge, Massachusetts (EUA). Artigo originalmente publicado no *Journal of the American Oriental Society*, v. 5, p. 248-265, 1904.

O código de leis promulgado por Hamurabi tem algum sistema definido de arranjo, lógico ou não? Essa pergunta se impõe a todo estudante do assunto, e sua solução não é de pouca importância para a compreensão do código como um todo e de muitas de suas partes. O fato de haver muitos agrupamentos de leis é evidente em uma olhada rápida (roubo, 6-13; armazenamento e depósito, 120-126; adoção, 185-193). Mas também parece que, em muitos casos, todas as leis relacionadas a um assunto não estão agrupadas, já que são encontradas em várias partes do código (escravos, 7, 15-20, 116, 119, 146, 147, 170, 171, 175-176A, 199, 205, 213, 214, 217, 219, 220, 223, 226, 227, 231, 252, 278-282). Essa aparência é uma realidade? Alguns estudiosos, reconhecendo-a como tal, declaram que o código não tem arranjo lógico. Assim, o professor Oettli[10], de Greifswald[11], em sua discussão intitulada "Das Gesetz Hammurabis und die Thora Israels" (Leipzig, 1903, p. 10), diz: "Materiais homogêneos são reunidos em uma série de passagens, mas não é feito um arranjo rigoroso de acordo com o assunto". Ele acha que o código pode ter surgido de coleções menores que cresceram juntas, e que isso pode explicar em parte a desordem. Portanto, ele seleciona as leis dispersas e as reúne em treze grandes tópicos, como segue: 1. leis matrimoniais; 2. pais e filhos; 3. homens livres e escravos; 4. leis de herança; 5. danos e proteção à honra e à vida; 6. leis gerais para proteção da propriedade; 7. feudo[12]; 8. arrendamento, aluguel e trabalho contratado; 9. depósito; 10. dívida e segurança; 11. responsabilidade (*Haftpflicht*); 12. regulamentos individuais relativos a deveres civis; 13. Direito Penal e processo judicial. Para seu propósito, a comparação com as leis do Antigo Testamento, esse é um processo legítimo, mas não contribui com nenhuma luz sobre a estrutura do código.

O professor David H. Müller, de Viena (*Die Gesetze Hanmmurabis unci ihr Verhültniss zur mosaischen Gesetzgebung sowie zu den XII Tafein*, Viena, 1903) faz quarenta e quatro divisões coorde-

---

[10] Refere-se ao professor Samuel Oettli (1846-1911), um protestante suíço que se especializou em estudos do Antigo Testamento.
[11] Cidade alemã localizada no estado de Mecklemburgo-Pomerânia Ocidental.
[12] Feudo, na sociedade feudal europeia, a fonte de renda de um vassalo, obtida de seu senhor em troca de serviços. O feudo constituía a instituição central da sociedade feudal. Normalmente, o feudo consistia em uma terra à qual estavam ligados vários camponeses não livres e deveria ser suficiente para sustentar o vassalo e garantir seu serviço de cavaleiro para o senhor. Seu tamanho variava muito, de acordo com a renda que poderia proporcionar. Calcula-se que um feudo precisava de 15 a 30 famílias de camponeses para manter uma família de cavaleiros. Os tamanhos dos feudos variavam muito, desde enormes propriedades e províncias inteiras até um terreno de poucos acres. Além das terras, as dignidades, os cargos e os aluguéis em dinheiro também eram concedidos em feudos (FIEF, FEUDO. Encyclopedia Britannica. Disponível em: https://www.britannica.com/topic/fief. Acesso em: 16 maio 2023).

nadas. A hipótese de Müller de uma *Ur-Gesetz*,[13] da qual o Código de Hamurabi, a Lei Mosaica e as XII Tábuas são todos derivados, por mais fascinante que seja como especulação, não pode ser considerada uma boa preparação para a descoberta do agrupamento e da disposição das leis no código. Ele percebe claramente que há uma ordem bem considerada e declarou corretamente (pág. 190) um dos princípios de organização, a posição das partes envolvidas. Seu outro princípio, a saber: a ordem na *Ur-Gesetz*, com certas modificações feitas por Hamurabi, só poderia ser válida para aqueles que aceitam sua hipótese de uma *Ur-Gesetz* e sua conjectura quanto ao arranjo de seu material. Müller não viu que o código, em sua forma atual, sem qualquer referência a uma forma mais antiga, que provavelmente existiu, está organizado em uma ordem perfeitamente lógica de acordo com a natureza do material.

Não se pode dizer que Kohler e Peiser (*Hammurabi's Gesetz*, Leipzig, 1904) tenham sido mais afortunados. De fato, eles foram muito infelizes em sua tentativa de colocar sobre o código a camisa de força da terminologia jurídica moderna. Sua divisão em doze partes é a seguinte: 1. procedimento, 1-5; 2. proteção da propriedade, 6-25; 3. fé e suas obrigações, 26-41; 4. agricultura e pecuária, 42-65; 5. comércio e dívida, 100-126; 6. casamento, leis relativas à mulher, leis relativas às crianças legítimas e ilegítimas, 127-177; 7. mulheres do templo e concubinas, 178-184; 8. adoção de crianças, 185-193; 9. Direito Penal, 194-233; 10. navegação, 234-240; 11. relações de aluguel e serviço, 241-277; 12. escravidão, 278-282.

Essa divisão do código separa leis que pertencem umas às outras (como os grupos 6, 7, 8 e os dois primeiros do 9); reúne

---

13 Lei fundamental segundo a qual o livre-arbítrio é a lei original desde a eternidade.

leis que pertencem a grupos diferentes, não observando, por exemplo, a distinção de caráter entre §§ 196-214 e §§ 215-233; e algumas de suas descrições são ineptas, como a n. 9, "Lei Criminal", porque algumas dessas leis não têm nada a ver com crime ou punição (honorários médicos, honorários de carpinteiros), e porque as leis em várias outras partes do código se relacionam com o crime e sua punição.

Essa crítica de Kohler e Peiser,[14] que pode ser muito prolongada, é suficiente para mostrar que eles não perceberam o arranjo lógico do código. Reconhecer suas designações do sucessivo justifica aqueles que encontram pouco arranjo sistemático nas leis.

Passemos, agora, à pergunta: qual foi o princípio do codificador no agrupamento e organização de suas leis? Seu princípio fundamental é a relação lógica das leis individuais entre si. Várias leis relacionadas formam um grupo, vários grupos formam um grupo maior, vários desses grupos formam um grupo ainda maior. O processo, no entanto, foi feito na direção oposta, começando com alguns dos maiores tópicos e prosseguindo por meio de grupos e subgrupos até as leis individuais.

Para Hamurabi, havia apenas dois desses tópicos maiores, a saber, coisas e pessoas (os escravos eram considerados, de acordo com as circunstâncias, em ambas as categorias). Ele concebeu as coisas como propriedade, e o código apresenta as leis relacionadas à propriedade em três grupos: propriedade pessoal, bens imóveis e comércio e relações comerciais. Da mesma forma, há três grupos no segundo gran-

---

14 Refere-se a Felix Ernst Peiser e a Josef Kohler, autores do livro intitulado "Hammurabi's Gesetz" (Carolina do Sul, EUA: BiblioBazaar, 2008).

de tópico, pessoa, a saber, família, lesões e trabalho (tanto humano quanto animal).[15]

Esses seis grupos são então divididos em subgrupos. Os dois subgrupos da família, por exemplo, são: 1. o homem e a esposa; 2. os filhos. A divisão em filhos é feita em filhos próprios e filhos adotivos. Os filhos próprios são considerados sob três aspectos: 1. filhos de um pai livre; 2. filhos de um pai escravo e uma mãe livre; 3. a viúva livre e os filhos menores. Os filhos de um pai livre são considerados em três grupos: 1. filhos de uma mãe livre; 2. filhos de uma mãe escrava; 3. a viúva livre e os filhos adultos. Há três divisões nos filhos de uma mãe livre, e essas três divisões são subdivididas em leis individuais. Assim:

1. filhos de mãe livre, 165-169.
   1) Divisão da herança precedida de anulação.
      (1) Doação especial do pai a um filho favorecido, 165.
      (2) Acordo de casamento para filho solteiro, 166.
   2) Filhos de duas esposas sucessivas, 167.
   3) Deserdação.
      (1) Não permitida por ofensa leve, 168.
      (2) Permitida somente para ofensas graves repetidas, 169.

Apresentado em forma de tabela, esse procedimento é o seguinte:

---

15 De certa forma, pode-se dizer que todo o código está relacionado à propriedade, porque esse assunto está envolvido, mais ou menos diretamente, em quase todos os códigos, assim como é possível afirmar que está relacionado a pessoas, uma pessoa que aparece ou é presumida em cada lei. E, no entanto, a divisão representa uma distinção real, sendo a propriedade a ideia mais proeminente na primeira divisão e a pessoa na segunda. Os bois não são pessoas, é verdade, mas eles foram introduzidos onde estão (241-252) por causa de sua conexão com uma das classes trabalhadoras. Consideradas como um todo, as leis podem ser chamadas de Código Penal, pois a maioria delas prescreve penalidades para os delitos. As principais exceções estão no grupo relativo à família.

II. Pessoa.
   i. Família.
    2. Filhos.
     1) Filhos próprios.
      (1) Filhos de um pai livre.
       a. Tais filhos de uma mãe livre.
        a) Divisão da herança.
         (a) Doação especial ao filho favorecido.

Esse método de divisão e subdivisão de acordo com as relações lógicas prevalece em todo o código, e o grau em que ele é aplicado depende inteiramente da complexidade do assunto.

A análise correta das leis explica a aparente inconsistência do código ao abordar o mesmo assunto em lugares diferentes, como os escravos, por exemplo. O escravo é mencionado em 7, 15-20 como uma espécie de propriedade pessoal; em 116 como uma pessoa apreendida por dívida; em 119 como uma esposa vendida por dívida; em 146, 147 para definir suas relações com uma esposa consagrada;[16] em 170, 171 para definir o status de seus filhos de um marido livre; em 175-176A porque certas classes de escravos podiam se casar com uma mulher livre; em 199, 213, 214 por causa de danos devidos ao proprietário por ferir um escravo; em 205, para prescrever a penalidade para um escravo cruel; em 219, 220,

---

16 Trata-se de uma distinção social das mulheres. Algumas podiam se tornar "consagradas". Segundo o estudo de Beatrice Allard Brooks (BROOKS, B. A. Some Observations concerning Ancient Mesopotamian Women, The American Journal of Semitic Languages and Literatures, v. 39, n. 3, p. 187-194, apr., 1923), em razão de uma filha estar sob o poder do pai para ser dada em casamento, ele poderia também oferecê-la como concubina. Ela não tinha escolha nessas questões, geralmente decididas em sua infância. Contudo, uma filha adulta poderia desejar se tornar uma devota ou adepta a uma doutrina, uma seguidora de determinada religião ou de uma divindade, tornando-se, assim, uma mulher consagrada, isto é, investida de funções sagradas, talvez em preferência a um casamento inconveniente, desejo que, aparentemente, segundo a lei, o pai não poderia recusar.

O Código de Hamurabi

223, porque os escravos tinham de ser tratados por médicos e cirurgiões; em 226, 227, porque podiam ser marcados indevidamente; em 231, por causa de sua possível relação com uma casa que caísse; em 252, porque um deles podia ser morto por um boi; em 278-282, para definir o que podia invalidar a venda de um escravo e para dar a penalidade a um escravo por negar seu senhor. Assim, parece que não há leis relacionadas à escravidão como tal, mas que o escravo é frequentemente introduzido por causa de sua relação com os muitos assuntos em que o código é logicamente dividido.

Também não há legislação sobre o assunto das mulheres do templo. As pessoas dessa classe aparecem em vários pontos, mas sempre em função de sua relação com algum assunto mais amplo. Em 110, esse assunto maior é a venda de vinho; em 127, 144-147, o casamento; em 178-182, a herança; em 192, 193, a adoção de crianças. Uma comparação dessas várias passagens mostra que a mulher ou a consagrada do templo não é uma pessoa imoral. Ela não ousava sequer entrar em uma das casas onde o vinho era vendido (110); esperava-se que ela tivesse um nome acima de qualquer reprovação (127); sua posição, se fosse casada, era de honra (144-147); seu pai ou lhe dava um dote quando ela entrasse no serviço do templo (tornava-se a noiva do deus), ou ela recebia uma parte de sua propriedade quando ele morresse (178-182); e se ela adotasse uma criança, ele não poderia deixá-la nem renunciar a ela (192, 193).

O fato de Hamurabi ou seus juristas terem moldado seu sistema em um formato tão lógico é uma das características mais surpreendentes desse código admirável. O arranjo é o resultado de uma profunda reflexão, e cada lei tem seu lugar bem considerado. É verdade que é possível mudar logicamente a posição de certas leis ou mesmo de grupos de leis. Por exemplo, as cinco leis sobre escravos (278-282) podem ser agrupadas com as leis relacionadas a escravos roubados e fugitivos, 15-20. O codificador tinha um motivo definido para essa separação. Ele colocou 278-282 na segunda grande divisão, porque aqui ele concebe o escravo como pessoa; no terceiro grupo da segunda divisão, porque o escravo é um trabalhador; e por último no terceiro grupo, porque o trabalho escravo é inferior ao trabalho livre.

Talvez o questionamento mais persistente se refira à posição do grupo de leis relacionadas ao boi feroz em agricultura. Estaríamos mais dispostos a procurá-las em lesões. Mas o boi, como o animal mais importante para o agricultor, tem seu lugar natural na agricultura, juntamente ao supervisor, aos salários anuais dos trabalhadores e ao roubo de implementos agrícolas. O boi é considerado do ponto de vista da apreensão por dívida (proibida por causa de sua necessidade para a vida na fazenda), taxas anuais de aluguel e danos aos bois; e então vem o pequeno grupo de leis sobre o boi que mata um homem, colocado aqui por causa da relação do boi com a agricultura.

O código tem muitas ilustrações da influência da posição na ordem de leis individuais e de grupos de leis. Assim, o roubo do templo ou palácio (6-8) precede o roubo de indivíduos (9-13), e na seção sobre lesões (196-214) há várias ilustrações da ordem, homem livre, homem liberto, escravo. Os homens são tratados antes das mulheres; como 196-208 em comparação com 209-214, ou 165-177 (filhos homens) em comparação com 178-184 (filhas). O princípio da classificação provavelmente não deixou de influenciar a colocação da propriedade antes da pessoa, bem como a ordem dos três grandes grupos em cada uma dessas divisões. Assim, a propriedade pessoal contém várias leis que envolvem o templo e o palácio; a propriedade imobiliária, uma grande coleção relacionada aos proprietários de terras nomeados pelo rei; ao passo que o terceiro grupo não faz referência importante ao templo ou ao rei. Em pessoas, a família parece vir primeiro, logicamente, e o trabalho por último. Mas o arranjo de acordo com a classificação também parece sugerir a mesma ordem, havendo sob as leis sobre a família não poucas que se relacionam com os eleitores, ao passo que as leis sobre escravos em 278-282 naturalmente atraem para o final do código o grupo ao qual pertencem. Muitas outras ilustrações poderiam ser citadas, mas o princípio não é invariável, pois outras considerações às vezes têm precedência.

Às vezes, a ordem não é determinada nem pela relação lógica nem pela classificação, mas sim por algum princípio de associação mais remoto. Dessa maneira, nos campos de grãos os danos são colocados em último lugar (53-58). O mesmo princípio de arranjo deveria ter colocado os danos em último lugar na seção seguinte sobre tamareira. Mas, na verdade, ele está em primeiro lugar (59), sem dúvida para conectar os campos de grãos e os bosques de tâmaras por meio da ideia de danos. A ofensa de bater em um pai (195) proporciona uma transição fácil para a seção sobre lesões (196-214). Danos aos bois (244-249) conduzem facilmente à seção sobre danos causados por bois (250-252).

Resta dizer algumas palavras de explicação especial. O código não tem marcas externas que separem as leis umas das outras ou que indiquem onde os grupos de leis terminam. A divisão em parágrafos separados foi introduzida pelo editor, AI. Scheil. Para essa divisão, os critérios são a introdução quase invariável entre aspas, "se", e a conexão do pensamento. Em alguns casos, a divisão de Scheil[17] pode ser criticada. Os parágrafos 39 e 40, por exemplo, são exceções ao 38, ou modificações ou mesmo explicações, e poderiam, portanto, ter sido apresentados no 38, sem divisão. Por outro lado, alguns dos parágrafos de Scheil, como 171, 172, pode-

---

17 A atual divisão do Código de Hamurabi em 282 parágrafos foi feita pelo editor Scheil, seu primeiro estudioso, tradutor e editor.

riam muito bem ser divididos em outros parágrafos, como indica a análise a seguir, pelo uso de a, b, c, após os números de Scheil.

Há vários títulos obscuros de classes de pessoas mencionadas no código, e algumas dessas classes desempenhavam um papel importante na sociedade. Tais são o MAS-EN-KAK, que traduzi como "homem livre"; o *bairu*, o *rid sabe* e o *nasi bilti*, três classes de detentores de feudos; e as várias classes de mulheres que frequentam o templo. A tradução "homem livre" é apenas uma sugestão. As classes compreendiam o homem livre e o escravo em alguns aspectos, embora em outros aspectos pareçam ter sido de maior importância do que o homem livre, sendo mencionadas em estreita conexão com o palácio. "Palácio" no código provavelmente não é a residência do rei em particular, uma vez que também significa as residências de seus governadores nas várias províncias.

Em alguns casos, a análise aqui apresentada pode ser passível de retificação. Isso se aplica especialmente às subdivisões da Introdução por causa da incerteza que ainda acompanha a tradução desse grupo de leis. Há também alguns casos, indicados por pontos de interrogação, em que a dificuldade de tradução (47, 185, 186, 242, 243, 258, 270) ou a quebra na inscrição (100, 262, 275) deixa dúvidas quanto ao significado e, consequentemente, quanto ao agrupamento.

E modificações podem ser possíveis em outros lugares. Em detalhes, elas talvez sejam inevitáveis. Este artigo está muito longe de afirmar que seu autor viu toda a verdade. Mas afirma que ele viu a verdade essencialmente como Hamurabi gostaria que fosse vista. Se a afirmação for justa, a eminência de Hamurabi como legislador não supera sua eminência como lógico. No arranjo habilidoso de seu material, o código nunca foi superado e provavelmente nunca foi abordado.

Análise do código

INTRODUÇÃO, SOBRE EVIDÊNCIA E DECISÃO, 1-5

I. O denunciante corrupto, 1, 2.
   1. Decisão dos juízes, 1. 2.
   2. Decisão por provação, 2.
II. A testemunha corrupta, 3, 4.
   1. Em um processo que envolve a vida, 3.
   2. Em um processo que envolva propriedade, 4.
III. O juiz corrupto, 5.

I. PROPRIEDADE, 6-126.
I. **Pessoal**, especialmente roubo de tal propriedade, 6-2a.
   1. Roubo de coisas, 6-13.
     1) Do templo ou palácio, 6-8.
       (1) Tesouro guardado nos edifícios, 6.
         a. Comprar ou receber de menor ou escravo, 7.

(2) Posses não mantidas nos edifícios, 8.

2) De indivíduos, 9-13.

(1) Para descobrir o ladrão, 9-11.

a. Vender o ladrão, 9.

b. O detentor é o ladrão, 110.

c. Requerente, o ladrão, 11.

(2) Se o vendedor estiver morto, 12.

(3) Se as testemunhas forem remotas, 13.

2. Sequestro de um menor, 14.
3. Escravos fugitivos, 15-20.

1) Pertencente ao palácio ou liberto, 15, 16.

(1) Induzir a fuga, 15.

(2) Abrigar, 16.

2) Outros escravos fugitivos, 17-20.

(1) Devolver ao proprietário, 17, 18.

a. Taxa para restauração, 17.

b. Recusa em fornecer o nome do proprietário, 18.

(2) Esconder o escravo, 19.

(3) Fuga do captor, 20.

4. Formas agravadas de roubo, 21-25.

1) Arrombamento, 21.

2) Roubo em rodovia, 22-24.

(1) Captura do ladrão, 22.

(2) Fuga do ladrão, 23.

(3) Assassinato com roubo, 24.

3) Roubo de casa em chamas, 25.

O Código de Hamurabi

II. **Bens imóveis**, 26.[18]
 1. Terras estaduais, com deveres, direitos e restrições dos proprietários, 26-41.
  1) Perda da propriedade, 26-31.
   (1) Por desobediência ou emprego de substituto, 26.
   (2) Por ser capturado, 27-29.
    a. Terra cedida a outro restaurada quando do retorno do proprietário, 27.
    b. Terras mantidas pelo filho do proprietário capturado, 28.
     a) Caso de filho muito jovem para assumir o controle, 29.
   (3) Por deserção, 30, 31.
    a. Por três anos de deserção, a perda é perpétua, 30.
    b. Por um ano, temporária, 31.
  2) Relação do possuidor com outros, 32-34.
   (1) Com aquele que o resgata, 32.
   (2) Com os oficiais superiores, 33, 34.
    a. Eles não podem liberá-lo de suas obrigações, 33.
    b. Não podem roubá-lo nem o oprimir, 34.
  3) Propriedades inalienáveis, 35-41.
   (1) Animais, 35.
   (2) Imóveis, 36-41.
    a. Não podem ser vendidos, 36.
     a) Se vendidos, devem ser devolvidos, 37.
    b. Não podem ser doados nem cedidos para pagamento de dívidas, 38.
     a) Imóveis adquiridos por compra diferente, 39.
     b) Classes de detentores que podem vender, 40.
    c. Não podem ser trocados, 41.

---

18 Em função do apagamento de quatro ou cinco colunas da inscrição é impossível dizer quantas leis se referiam a bens imóveis. Scheil estima que a rasura continha cerca de trinta e cinco leis, embora nem todas tratassem desse assunto.

2. Imóveis privados, 42 –.
   1) Campos e colheitas de grãos, 42-58.
     (1) Campos alugados e pagamento de aluguel, 42-47.
       a. Condição da terra, 42-44.
         a) Terras aráveis, 42, 43.
           (a) Nenhum grão produzido, 42.
           (b) Nenhuma outra cultura produzida, 43.
         b) Terra não reclamada, 44.
       b. Pagamento de aluguel em caso de quebra de safra, 45, 46.
         a) Campo arrendado por preço definido, 45.
         b) Campo arrendado em ações, 46.
       c. Subarrendamento (?), 47.
     (2) Campo próprio, 48-52.
       a. Pagamento da dívida adiado em caso de quebra de safra, 48.
       b. Hipoteca de dinheiro emprestado, 49-52.
         a) Da cultura a ser plantada, 49.
         b) Da safra já plantada, 60, 51.
           (a) Pagamento em dinheiro, 50.
           (b) Pagamento em produtos, 51.
       c. Contrato não cancelado por quebra de safra, 52.
     (3) Danos a campos e plantações, 53-58.
       a. Por água de irrigação, 53-56.
         a) Rompimento de dique, 53.
           (a) Infrator impiedoso, 54.
         b) Eclusa deixada aberta, 55, 56.
           (a) Danos à colheita, 55.
           (b) Danos à terra preparada, 56.
       b. Por pastoreio de gado, 57, 58.
         a) Danos parciais, 57.

b) Danos graves, 58.
2) Pomares ou bosques de tâmaras, 59 –.
  (1) Danos causados pelo corte de árvores, 59.
  (2) Formação de um bosque em ações, 60-63.
    a. Divisão da produção, 60, 61.
      a) Se o jardineiro plantar todo o espaço, 60.
      b) Se ele plantar apenas parte do espaço, 61.
    b. Penalidade por não plantar o bosque, 62, 63.
      a) No caso de terra arável, 62.
      b) No caso de terra não recuperada, 63.
  (3) Deixar o bosque produtivo para o jardineiro, 64, 65.
    a. Divisão do rendimento, 64.
    b. Penalidade por negligência do bosque, 65.

[As seções apagadas, que vêm neste ponto, continuaram o assunto dos pomares, deram as leis relativas às casas (arrendamentos etc.) e começaram a terceira divisão em propriedade, ou seja, comércio e relações comerciais].

III. **Comércio e negócios**, – 126.
  1. *Comerciante e vendedor ambulante*, – 107.
  1) O comerciante fornece dinheiro, – 103.
    (1) Viagem lucrativa (?), 100.
    (2) Viagem não lucrativa, 101-103.
      a. Sem lucro, 101.
      b. Perda positiva, 102.
      c. Vendedor ambulante roubado, 103.
  2) O comerciante fornece mercadorias, 104a.
  3) Recibos necessários, 104b, 105.
  4) Ações judiciais, 106, 107.
    (1) O vendedor ambulante é o autor da ação, 106.
    (2) Comerciante o autor da ação, 107.

2. *Venda de vinho*, 108-111.
    1) Ofensas de vendedores de vinho, 108, 109.
        (1) Praticar fraude, 108.
        (2) Abrigar pessoas desordeiras, 109.
    2) Eleitores religiosos e vinho, 110.
    3) Venda a crédito, 111.
3. *Transporte*, 112.
4. *Dívida*, 113-119.
    1) Apreensão por dívida, 113-116.
        (1) Grãos, 113.
        (2) Pessoa, 114-116.
            a. Apreensão injustificada, 114.
            b. Apreensão legítima, 115, 116.
                a) A pessoa apreendida morre de morte natural, 115.
                b) Morte por abuso, 116.
    2) Venda por dívida, 117-119.
        (1) Esposa ou filho. Serve por três anos, 117.
        (2) Escravos. A venda pode ser perpétua, 118.
            a. Exceção para a esposa escrava, 119.
5. *Armazenamento e depósito*, 120-126.
    1) Grãos, 120, 121.
        (1) Perda por acidente ou roubo, 120.
        (2) Taxas de armazenamento, 121.
    2) Tesouro, 122-126.
        (1) Testemunhas e registro, 122.
        (2) Falta de tais testemunhas, 123.
        (3) Ações judiciais, 124-126.
            a. O recebedor contesta o depósito, 124.
            b. O recebedor perde os bens depositados, 125.
            c. O depositante faz uma reivindicação fraudulenta, 126.

O Código de Hamurabi

II. PESSOA, 127-282.
  I. **A família**, 127-195.
    1. Homem e mulher, 127-164.
      1) Calúnia contra a esposa, 127.
      2) Definição de casamento, 128.
      3) Interrupção da relação matrimonial, 129-143.
        (1) Por adultério da esposa, 129-132.
          a. Culpa estabelecida, 129, 130.
            a) A mulher de fato casada, 129.
            b) Somente a mulher prometida, 130.
          b. Suspeita de culpa, 131, 132.
            a) O marido suspeito, 131.
            b) Fofoca pública, 132.
        (2) Pelo cativeiro do marido, 133-135.
          a. Proibição de novo casamento da esposa, 133.
          b. O novo casamento da esposa é permitido, 134.
            a) Caso de retorno do marido do cativeiro, 135.
        (3) Por abandono do marido, 136.
        (4) Por divórcio, 137-143.
          a. O marido é o autor da ação, 137-141.
            a) Divórcio da concubina e da esposa consagrada, 137.
            b) Divórcio de cônjuge[19] sem filhos, 138-140.
              (a) No caso de haver um acordo de casamento, 138.

---

19 É importante destacar que a sociedade mesopotâmica era hierárquica e dividida em cinco classes, a saber: nobreza, clero, classe alta, classe baixa e escravos. Sabe-se que essas classes têm três designações: livre, dependente e escravo. *Hirtu*, a esposa livre, que se distingue da concubina, da esposa consagrada e da esposa escrava. O código distingue cuidadosamente essas quatro classes de esposas. A esposa consagrada parece nunca ter tido filhos. Ela estava, talvez, a serviço do templo até passar a idade de ter filhos e, então, estava livre para se casar. Pode-se comparar com as virgens vestais de Roma, que também eram livres para se casar após trinta anos de serviço.

(b) No caso de não haver acordo de casamento, 139, 140.
    α. O cônjuge do homem livre, 139.
    β. O cônjuge do liberto, 140.
c) A mulher desordenada, sem rumo, 141.
b. Esposa do autor da ação, 142, 143.
    a) Fato bem-sucedido, 142.
    b) Fato malsucedido, 143.
4) Direitos das esposas, 144-150.
  (1) Esposa consagrada, 144-147.
    a. Em relação a uma concubina, 144, 145.
      a) Concubina não permitida, 144.
      b) Concubina permitida, 145.
    b. Em relação a uma esposa escrava, 146, 147.
      a) A esposa escrava, se for mãe, não pode ser vendida, 146.
      b) Se não for mãe, pode ser vendida, 147.
  (2) Esposa doente, 148, 149.
    a. Deve ser sustentada pelo marido, 148.
    b. Pode deixá-lo, se quiser, 149.
  (3) Direitos de propriedade da viúva, 150.
5) Responsabilidade mútua do marido e da esposa, 151, 152.
  (1) Dívidas contraídas antes do casamento, 151.
  (2) Dívidas contraídas após o casamento, 152.
6) Matar o marido, 153.
7) Incesto, 154-158.
  (1) Com uma filha, 154.
  (2) Com a noiva de um filho, 155, 156.
    a. Caso o filho a tenha conhecido[20], 155.
    b. Caso o filho não a tenha conhecido, 156.

---

20 O sentido desse "conhecer" é de contato sexual.

(3) Com a mãe, 157.
(4) Com a esposa do pai, 158.
8) Violação de promessa, 159-161.
   (1) Por parte do jovem, 159.
   (2) Pelo pai da mulher, 160, 161.
      a. Por motivo não indicado, 160.
      b. Influenciado por um "amigo", 161.
9) Dote da esposa falecida, 162-164.
   (1) Se houver filhos, 162.
   (2) Se não houver filhos, 163, 164.
      a. Se o acordo de casamento[21] for devolvido, 163.
      b. Se o acordo de casamento não for devolvido, 164.
2. *Filhos (e mães viúvas)*, 165-195.
   1) Os próprios filhos, especialmente em relação à herança, 165-184.
      (1) O pai é um homem livre, 165-174.
         a. Filhos de mãe livre, 165-169.
            a) Distribuição igual precedida de certas subtrações, 165, 166.
               (a) Doação especial a um filho, 165.
               (b) Acordo de casamento para filho solteiro, 166.
            b) Filhos de duas mães livres sucessivas, 167.
            c) Deserdação, 168, 169.
               (a) Proibida por ofensa leve, 168.
               (b) Permitida por ofensa grave e repetida, 169.
         b. Filhos de mãe escrava (havendo também filhos de mãe livre), 170, 171b.

---

21 O código tem três palavras para presente de casamento: presente da casa paterna, *geriktu*, "dote"; presente do noivo para a família da noiva, *tirhatu*, "acordo de casamento"; presente do noivo para a noiva, *nudunnu*, "presente". Do §164 o dote parece ter sido normalmente maior do que o acordo de casamento.

a) Reconhecimento formal pelo pai como pré-requisito para a herança, 170, 171a.

b) Eles e sua mãe devem ser livres, 171b.

c. A viúva livre e seus filhos, 171c-174.

a) Seu interesse vitalício na propriedade e no lar, 171c- 172.

(a) Caso haja uma doação (*nudunnu*), 171c.

(b) Caso não haja doação, 172a.

(c) Tentativa dos filhos de desalojá-la, 172b.

(d) Sua partida voluntária, 172c.

b) Seu dote em caso de novo casamento, 173, 174.

(a) Se o segundo casamento for frutífero, 173.

(b) Se o segundo casamento não for frutífero, 174.

(2) O pai é escravo, a mãe é livre, 175-176A.

a. Os filhos de tal união são livres, 175.

b. Herança, 176, 176A.

a) Caso exista um dote, 176.

b) No caso de não haver dote, 176A.

(3) A viúva livre e os filhos menores, 177.

a. Condição em que ela pode se casar novamente, 177a.

b. Tutela dos filhos, 177b.

c. Restrições sobre seus bens, 177c.

(4) Filhas, 178-184.

a. Filhas consagradas à religião, 178-182.

a) Aquelas doadas pelo pai, 178, 179.

(a) Por doação vitalícia, 178.

(b) Por doação perpétua, 179.

b) Aqueles que não foram doados pelo pai, 180-182.

(a) Voto de primeiro grau, 180.

(b) Consagrada da segunda classe, 181.

(c) Adepta de Marduk[22] da Babilônia, 182.
   b. Filhas de (?) concubina, 183, 184.
      a) Com dote e casada, 183.
      b) Sem dote e solteira, 184.
2) Filhos adotados, 185-193.
   (1) Reclamáveis e não reclamáveis, 185-190.
      a. Adotando no próprio nome (?), 185.
      b. Criança incorrigível (?), 186.
      c. Adotado por um carcereiro, 187.
      d. Adotado por artesão, 188, 189.
         a) Se lhe foi ensinado o artesanato, 188.
         b) Se não foi ensinado, 189.
      e. Não reconhecido formalmente, 190.
   (2) Não pode ser deserdado, 191.
   (3) Penalidade por ingratidão para com o carcereiro, 192, 193.
      a. Renunciar à filiação, 192.
      b. Fugir, 193.
3) Morte de criança sob os cuidados da ama, 194.
4) Penalidade por bater em um dos pais, 195.

II. **Lesões**, 196-214.
  1. Em homens, 196-208.
    1) Olho ou membro, 196-199.
      (1) De homem livre, 196, 197.
         a. Olho de homem livre, 196.
         b. Membro de homem livre, 197.
      (2) Olho ou membro de homem livre, 198.
      (3) Olho ou membro de escravo, 199.
    2) Dente, 200, 201.

---

22 Divindade principal da Babilônia, o rei dos deuses da mitologia da Mesopotâmia.

(1) De homem livre, 200.
   (2) De homem liberto, 201.
  3) Golpes, 202-208.
   (1) Golpes maliciosos, 202-205.
    a. Em pessoa de posição hierárquica superior, 202.
    b. Homem livre bate em homem livre, 203.
    c. Homem liberto ataca homem liberto, 204.
    d. Escravo bate em homem livre, 205.
   (2) Golpes não maliciosos, 206-208.
    a. O homem atingido se recupera, 206.
    b. O homem atingido morre, 207, 208.
     a) Homem livre, 207.
     b) Homem liberto, 208.
 2. *Para mulheres com filhos*, 209-214.
  1) A filha de homem livre, 209, 210.
   (1) Aborto espontâneo, 209.
   (2) Morte, 210.
  2) Filha de homem liberto, 211, 212.
   (1) Aborto espontâneo, 211.
   (2) Morte, 212.
  3) Mulher escrava, 213, 214.
   (1) Aborto espontâneo, 213.
   (2) Morte, 214.

III. **Trabalhadores e trabalho**, 215-282.
 1. Trabalho livre, 215-277.
  1) Mão de obra qualificada, 215-240.
   (1) Cirurgiões e médicos, 215-225.
    a. Praticando em homens, 215-223.
     a) Operação em ferimentos e olhos, 215-220.
      (a) Honorários por sucesso, 215-217.

α. Em um homem livre, 215.
β. Sobre o liberto, 216.
γ. Sobre o escravo do homem livre, 217.
  (b) Multas por falha, 218-220.
    α. Para o homem livre, 218.
    b. Sobre o escravo do liberto, 219, 220.
      α) Ferida, 219.
      β) Olho, 220.
  b) Membros quebrados e órgãos doentes, 221-223.
    (a) Homem livre, 221.
    (b) Homem liberto, 222.
    (c) Escravo de homem livre, 223.
  b. Médicos veterinários, 224, 225.
    a) Honorários por sucesso, 224.
    b) Multa por falha, 225.
(2) Ferradores,[23] 226, 227.
  a. Penalidade por ferra ou marcação injustificada, 226.
  b. Marcação involuntária, 227.
(3) Construção de casas, 228-233.
  a. Taxa do construtor, 228.
  b. Multas do construtor, 229-233.
    a) Queda de casa, 229-232.
      (a) Causar morte, 229-231.
        α. Do proprietário, 229.
        β. Do filho do proprietário, 230.
        γ. Do escravo do proprietário, 231.
      (b) Danos à propriedade, 232.
    b) Paredes inseguras, 233.
(4) Construção de barcos, barcos e barqueiros, 234-240.

---

23 A ferra é o ato de marcar o animal com o ferro em brasa, considerada uma "cerimônia sertaneja".

a. Construção de barcos, 234, 235.
    a) Taxa, 234.
    b) Multa por trabalho ruim, 235.
b. Navegação, 236-240.
    a) Danos, 236-238.
        (a) Afundamento ou perda de barco alugado, 236.
        (b) Danos à carga em barco alugado, 237.
        (c) Submergir e emergir um barco, 238.
    b) Taxa anual de aluguel de barco, 239.
    c) Barcos em colisão, 240.
2) Mão de obra não qualificada, 241-277.
  (1) Agricultura, 241-260.
    a. Bois como animais de fazenda, 241-252.
        a) Apreensão por dívida, 241.
        b) Taxas anuais de aluguel, 242, 243.
            (a) Boi treinado (?), 242.
            (b) Boi não treinado (?), 243.
        c) Danos a bois, 244-249.
            (a) Por animal, 244.
            (b) Por homem, 245-248.
                α. Morte do boi, 245.
                β. Ferimento do boi, 246-248.
                    α) Pé quebrado, 246.
                    β) Olho cego, 247.
                    γ) Chifre quebrado, cauda etc., 248.
            (c) Por acidente inevitável, 249.
        d) Morte de homem por boi, 250-252.
            (a) Boi supostamente inocente, 250.
            (b) Boi conhecido por ser cruel, 251, 252.
                α. Morte de um homem livre, 251.
                β. Morte de escravo, 252.

O Código de Hamurabi

  b. Supervisor ou superintendente, penalidades por má conduta, 253-256.
   a) Roubo de sementes ou ração, 253.
   b) Roubo de provisões e abuso de bois, 254.
   c) Abandonar os bois e não fazer nenhuma colheita, 255.
   d) Caso ele não possa pagar, 256.
  c. Salários anuais, 257, 258.
   a) Trabalhador rural, 257.
   b) Condutor de boi (?), 258.
  d. Roubo de implementos agrícolas, 259, 260.
   a) Roda de irrigação, 259.
   b) Balde de irrigação ou arado, 260.
 (2) Pastoreio, 261-267.
  a. Salário anual do pastor, 261.
  b. Penalidades por infidelidade ou fraude, 262-265.
   a) (?), 262. [seção desfigurada]
   b) Perda de animais, 263.
   c) Taxa de aumento diminuída, 264.
   d) Roubo e venda, 265.
  c. Acidentes, 266, 267.
   a) Inevitável, 266.
   b) Culpáveis, 267.
3) Taxas de aluguel por dia, 268-277.
 (1) Animais para debulhar, 268-270.
  a. Boi, 268.
  b. Burro, 269.
  c. Bezerro (?), 270.
 (2) Equipes, 271, 272.
  a. Boi, carroça e condutor, 271.
  b. Carroça sozinha, 272.
 (3) Trabalhador diarista, 273.

(4) Artesãos, 274, 275.
    a. Homens, 274.
    b. Mulher (?), 275.
(5) Barcos, 276, 277.
    a. Barco *Mahirtu*, 276.
    b. Barco com capacidade para sessenta GUR[24], 277.

2. Escravos, 278-282.
  1) Compra invalidada, 278-281.
    (1) Por doença antes do lapso de um mês, 278.
    (2) Por existência de reivindicação, 279.
    (3) Compra em um laudêmio estrangeiro, 280, 281.
      a. Escravo nativo da Babilônia, 280.
      b. Escravo que não seja babilônico, 281.
  2) Penalidade por negar um mestre, 282.

---

[24] As unidades de medida da antiga Mesopotâmia tinham padrões próprios, incluindo os babilônicos, assírios e persas, utilizados na arquitetura. A capacidade de medida de um GUR equivale a aproximadamente 80 kg. Portanto, refere-se a um barco cuja capacidade seja de transportar 60 passageiros com peso corporal de cerca de 80 kg.

O mais antigo código de Leis do mundo

O código de leis elaborado por Hamurabi, rei da Babilônia, entre 2285-2242 a.C.
Traduzido por C. H. W. Johns, M. A., professor de Assiriologia do Queen´s College, Cambridge. Autor de "Assyrian deeds and documents" (Escrituras e documentos assírios), "An assyrian doomsday book" (Um livro assírio do juízo final). Edinburgh. T&T Clark, 38 George Street, 1903.
Londres: Simpkin, Marshall, Hamilton, Kent and CO Limited.
Nova York: Charles Scribner´s Sons, fevereiro de 1903.
Segunda impressão ... março de 1903.
Terceira impressão ... maio de 1903.
Quarta impressão ... junho de 1903.

"A descoberta e a decifração desse código é o maior evento da arqueologia bíblica em muitos dias. Uma tradução do Código, feita pelo Sr. Johns do Queens' College, Cambridge, a maior autoridade viva nesse departamento de estudo, acaba de ser publicada pelos Srs. T. & T. Clark em um livreto barato e atraente. Winckler diz que é o registro babilônico mais importante que foi trazido à luz até agora" - The Expository Times.

O código de hamurabi

§ 1 Se um homem denunciar a outrem por bruxaria e não tiver comprovado, aquele que acusou será condenado à morte.

§ 2 Se um homem acusar a outrem de ter lançado um feitiço sobre si e não comprovar, aquele acusado de ter lançado o feitiço deverá ir ao rio sagrado, mergulhar no rio sagrado e, se o rio sagrado o vencer, o acusador deverá tomar para si sua casa. Se o rio sagrado tornar aquele homem inocente e o salvar, aquele que acusou a outrem de ter lançado feitiço será condenado à morte. Aquele que mergulhou no rio sagrado tomará para si a casa do acusador.

§ 3 Se um homem, em um caso pendente de julgamento, tiver proferido ameaças contra as testemunhas ou não tiver comprovado a palavra que proferiu, se esse caso for um processo sujeito à pena capital, esse homem será condenado à morte.

§ 4 Se um homem tiver oferecido milho ou dinheiro às testemunhas, ele mesmo deverá arcar com a sentença desse caso.

§ 5 Se um juiz tiver julgado uma sentença, proferido uma decisão, concedido uma sentença, mas depois resolver alterar a própria sentença, esse juiz, pela alteração da sentença que julgou, deverá prestar contas, e deverá pagar doze vezes a pena que estava na referida sentença, e a assembleia deverá expulsá-lo de sua cadeira de juiz, e ele não deverá retornar, e com os juízes em um julgamento ele não deverá tomar seu assento.

§ 6 Se um homem tiver roubado os bens do templo ou do palácio, esse homem será morto, e aquele que tiver recebido a coisa roubada de sua mão será condenado à morte.

§ 7 Se alguém tiver comprado prata, ouro, servo ou serva, boi, ovelha ou jumento, ou qualquer outra coisa, seja qual for o seu nome, da mão do filho ou do escravo de alguém, sem testemunha nem contrato de obrigações, ou se tiver recebido a coisa em depósito, esse homem agiu como ladrão, e deverá ser morto.

§ 8 Se alguém tiver roubado um boi, ou uma ovelha, ou um jumento, ou um porco, ou um navio, seja do templo, seja do palácio, pagará trinta vezes mais. Se a coisa roubada for de um homem pobre, pagará dez vezes mais. Se o ladrão não tiver nada para pagar, será morto.

§ 9 Se um homem que perdeu algo seu, e essa coisa perdida tiver sido apreendida na mão de outro homem, o homem em cuja mão a coisa perdida foi apreendida disser: "Um doador me deu", ou "Eu o comprei diante de testemunhas", mas o proprietário da coisa perdida disser: "Em verdade, trarei testemunhas que conhecem minha propriedade perdida", o comprador trouxer o doador que lhe deu a coisa e as testemunhas perante as quais ele a comprou, e o proprietário da coisa perdida trouxer as testemunhas que conhecem sua coisa perdida, o juiz verá seus depoimentos, as testemunhas perante as quais a compra foi feita e as testemunhas que conhecem a coisa perdida dirão perante Deus o que sabem; e, se o doador ou o vendedor tiver agido como ladrão, será morto; o dono da coisa perdida recuperará sua coisa perdida; o comprador receberá o dinheiro que pagou da casa do doador.

§ 10 Se o comprador não trouxer o doador que lhe deu a coisa e as testemunhas perante as quais comprou, mas o dono da coisa perdida trouxer as testemunhas que conhecem a sua coisa perdida, então o comprador agiu como ladrão e será morto; o dono da coisa perdida recuperará a sua coisa perdida.

§ 11 Se o proprietário do bem perdido não tiver trazido testemunhas que conheçam seu bem perdido, se tiver mentido, se tiver provocado contendas, será morto.

§ 12 Se o doador ou vendedor tiver sido condenado, o comprador deverá tirar da casa do doador cinco vezes mais, como penalidade nesse caso.

§ 13 Se vendedor ou doador não tiver suas testemunhas por perto, o juiz lhe fixará um prazo fixo de até seis meses; e se, dentro de seis meses, ele não tiver conduzido suas testemunhas, se aquele homem tiver mentido, ele mesmo arcará com a culpa do caso.

§ 14 Se um homem tiver roubado o filho de um homem livre, ele será condenado à morte.

§ 15 Se alguém retirar um escravo do palácio ou uma criada do palácio, ou um escravo de um homem pobre ou uma criada de um homem pobre, será morto.

§ 16 Se um homem tiver abrigado em sua casa um servo ou uma serva foragida do palácio, ou um homem pobre, e não os tiver apresentado a pedido do comandante, o dono da casa será condenado à morte.

§ 17 Se um homem capturar um servo ou uma serva, fugitivo, em campo aberto e o levar de volta ao seu senhor, o proprietário do escravo lhe pagará dois siclos[25] de prata.

§ 18 Se o escravo não disser o nome de seu dono, o homem que o tiver capturado o levará ao palácio, e alguém investigará o passado desse escravo e o fará retornar ao seu dono.

§ 19 Se o homem que o tiver capturado o escravo o confinar em sua casa, e depois o escravo for tomado em sua mão, esse homem será morto.

§ 20 Se o escravo tiver fugido da mão de seu captor, esse homem jurará pelo nome de Deus ao dono do escravo, e será libertado.

§ 21 Se um homem invadir uma casa fazendo nela um buraco, deverá ser morto diante da brecha e enterrado nela (?).

§ 22 Se um homem tiver praticado o crime e tiver sido capturado, ele será morto.

§ 23 Se o salteador não for capturado, o homem que foi espoliado contará diante de Deus o que perdeu, e a cidade e o governador em cuja terra e distrito ocorreu o delito lhe restituirão o que tiver perdido.

§ 24 Se o prejuízo tiver sido uma vida, a cidade e o governador pagarão uma mina de prata[26] ao seu povo.

§ 25 Se na casa de um homem se acender um fogo, e um homem que veio para apagar o fogo levantar os olhos para a propriedade do dono da casa e tomar a propriedade do dono da casa, esse homem será lançado no fogo.

---

25 Um siclo, medida da antiga Mesopotâmia, é equivalente a cerca de 8 gramas em nosso vigente sistema de pesos e medidas.
26 No sistema de medidas da Mesopotâmia uma mina de prata equivalia a 500 gramas de nosso vigente sistema de pesos e medidas.

§ 26 Se um guarda ou um oficial, cuja ida a uma missão do rei tenha sido ordenada, não for, ou contratar um mercenário e enviá-lo em seu lugar, esse guarda ou oficial será morto; seu mercenário tomará para si a sua casa.

§ 27 Se um guarda ou um oficial militar, que foi transferido para as fortalezas do rei, e depois alguém tiver dado seu campo e seu jardim a outro que tiver exercido a posse, se o guarda ou oficial militar retornar a sua cidade deverão ser devolvidos seu campo e seu jardim, e ele mesmo exercerá sua posse.

§ 28 Se o filho de um guarda ou de um oficial que for transferido para as fortalezas do rei for capaz de exercer a posse, será contemplado com um campo e uma horta, e ele exercerá a atividade de seu pai.

§ 29 Se o filho for jovem e não puder cuidar dos negócios do pai, um terço do campo e da horta será dado à mãe, e ela exercerá a atividade.

§ 30 Se um guarda ou um oficial, desde o princípio de sua atividade, tiver negligenciado só o seu campo, ou a sua horta, ou a sua casa, e os tiver deixado desertos, e um outro depois dele tiver tomado o seu campo, a sua horta ou a sua casa, e tiver permanecido três anos na sua atividade, se o guarda ou oficial voltar à sua cidade e quiser cultivar o seu campo, a sua horta e a sua casa, não lhe será concedida; aquele que os tiver tomado e permanecido nessa sua atividade a continuará.

§ 31 Se for de um ano apenas, e o guarda ou oficial que a tiver abandonado voltar, seu campo deverá ser restituído, bem como sua horta e sua casa, e ele continuará com a posse do seu negócio.

§ 32 Se um guarda ou um oficial que havia sido transferido em uma missão do rei, um comerciante o resgatou e fez que ele retornasse a sua cidade, se em sua casa houver meios para seu resgate, ele resgatará a si mesmo; se em sua casa não houver meios para seu resgate, ele será resgatado do templo de sua cidade; se no templo de sua cidade não houver meios para seu resgate, o palácio o resgatará. O seu campo, o seu jardim e a sua casa não serão dados em pagamento pelo seu resgate.

§ 33 Se um governador ou um magistrado tiver tomado para si os homens da coletoria, ou se tiver aceitado e enviado um substituto contratado para a missão do rei, esse governador ou magistrado será condenado à morte.

§ 34 Se um governador ou um magistrado tiver tomado para si a propriedade de um guardião, tiver saqueado um guardião, tiver dado um guardião em pagamento, tiver roubado um guardião em um julgamento por meio de violência, tiver tomado para si a recompensa que o rei deu ao guardião, esse governador ou magistrado será condenado à morte.

§ 35 Se alguém tiver comprado o gado ou as ovelhas que o rei deu ao guarda das mãos do guarda, ele será privado de seu dinheiro.

§ 36 O campo, a horta e a casa do guardião não serão dados em pagamento.

§ 37 Se um homem tiver comprado o campo, o jardim ou a casa de um guarda ou de um militar, o contrato será invalidado e ele será destituído de seu dinheiro. Ele devolverá o campo, o jardim ou a casa ao seu proprietário.

§ 38 O guarda ou o militar não poderá dar em garantia a sua mulher ou a sua filha o campo, o jardim ou a casa de seu negócio, e não poderá dá-lo em pagamento por sua dívida.

§ 39 O campo, o jardim e a casa que ele comprou e adquiriu, entretanto, ele pode dar em garantia para sua esposa ou filha e dar em pagamento por sua dívida.

§ 40 Um consagrado, comerciante ou estrangeiro pode vender seu campo, sua horta ou sua casa; o comprador deve continuar o negócio do campo, horta ou casa que ele comprou.

§ 41 Se um homem tiver cercado o campo, a horta ou a casa de um guarda ou de um oficial militar, e tiver feito benfeitorias, e o guarda ou oficial militar voltar ao seu campo, à sua horta ou à sua casa, ele ficará com as benfeitorias.

§ 42 Se um homem tiver tomado um campo para cultivar e não tiver feito que o milho cresça no campo, e não tiver feito o trabalho que lhe foi confiado no campo, deverá prestar contas e fornecer ao proprietário desse campo a mesma quantidade de milho como a de seu vizinho.

§ 43 Se ele não tiver cultivado o campo e o tiver deixado abandonado, deverá dar a mesma quantidade de milho como a de seu vizinho ao proprietário do campo, e o campo que ele deixou abandonado deverá arar e devolver ao proprietário.

§ 44 Se um homem alugou um campo não reclamado por três anos para cultivá-lo, e o deixou abandonado, não o cultivou, no quarto ano ele o trabalhará com enxadas, o arará, e o devolverá ao dono, e ele medirá dez GUR de milho por GAN[27].

§ 45 Se um homem tiver arrendado seu campo para produção a um cultivador e tiver recebido a produção de seu campo, mas depois de uma tempestade tiver devastado o campo ou levado a produção, o prejuízo será do cultivador.

---

27 No sistema da Mesopotâmia 1 GUR equivalia a 300 litros ou kg, ao passo que um GAN equivalia a 6 metros quadrados.

§ 46 Se ele não tiver recebido o produto de seu campo e tiver arrendado o campo pela metade ou por um terço, o milho que estiver no campo será dividido entre o cultivador e o proprietário do campo, de acordo com o teor de seu contrato.

§ 47 Se o cultivador, por não ter estabelecido sua moradia no ano anterior, cedeu o campo para o cultivo, o proprietário do campo não deve condenar o cultivador; seu campo foi cultivado e, na época da colheita, ele deve pegar o milho de acordo com suas obrigações.

§ 48 Se um homem tiver uma dívida e uma tempestade tiver devastado seu campo ou levado a produção, ou se o milho não tiver crescido por falta de água, naquele ano ele não devolverá o milho ao credor, ele terá seu contrato invalidado e não pagará juros para aquele ano.

§ 49 Se um homem tomar dinheiro emprestado de um comerciante e der a ele um campo plantado com milho ou gergelim, e lhe disser: "Cultive o campo, colha e tome para si o milho e o gergelim que houver", se o cultivador fizer crescer milho ou gergelim no campo, na época da colheita o proprietário do campo tomará o milho ou o gergelim que estiver no campo e dará ao comerciante o milho correspondente ao dinheiro que pegou emprestado dele, bem como os devidos juros e a indenização pela moradia do cultivador.

§ 50 Se o campo estava cultivado ou o campo de gergelim estava cultivado quando ele o deu, o proprietário do campo deverá pegar o milho ou o gergelim que estiver no campo e deverá devolver o dinheiro e seus juros ao comerciante.

§ 51 Se ele não tiver dinheiro para devolver, ele deverá dar ao comerciante o gergelim, de acordo com seu preço de mercado, pelo dinheiro e seus juros que ele tomou do comerciante, de acordo com o padrão fixado pelo rei.

§ 52 Se o cultivador não tiver feito crescer milho ou gergelim no campo, ele não deverá ter suas obrigações alteradas.

§ 53 Se um homem negligenciou o fortalecimento de sua barragem do canal, não fortaleceu sua margem, uma brecha se abriu em sua margem e as águas inundaram o campo, o homem em cuja margem a brecha foi aberta deverá devolver os grãos cuja perda foi causada por sua negligência.

§ 54 Se ele não puder restituir o trigo, deverá entregar seus bens em troca de dinheiro, e o povo do prado cujo trigo a água levou dividirá o dinheiro.

§ 55 Se um homem tiver aberto seu canal para água e o tiver negligenciado, e o campo de seu vizinho tiver sido inundado pelas águas, ele deverá pagar o prejuízo de seu vizinho.

§ 56 Se um homem tiver aberto as águas, e as plantas do campo de seu vizinho tiverem sido levadas pelas águas, ele pagará dez GUR de milho por GAN.

§ 57 Se um pastor fez que as ovelhas se alimentassem do milho verde, não chegou a um acordo com o proprietário do campo, sem o consentimento do proprietário do campo alimentou as ovelhas, o proprietário deverá colher seus campos, e o pastor que, sem o consentimento do proprietário do campo, alimentou as ovelhas deverá dar mais de vinte GUR de milho por GAN ao proprietário do campo.

§ 58 Se, desde o momento em que as ovelhas adentraram o campo e todo o rebanho passou pelo portão, o pastor as alimentou com os frutos produzidos no campo, o pastor que as alimentou no campo deverá cultivar e, na época da colheita, deverá entregar sessenta GUR de milho por GAN ao proprietário do campo.

§ 59 Se um homem, sem o consentimento do dono do pomar, cortar uma árvore no pomar de outro homem, ele pagará meia mina de prata.

§ 60 Se um homem tiver dado um campo a um jardineiro para plantar uma horta e o jardineiro tiver plantado a horta, ele deverá cultivar a horta por quatro anos; no quinto ano, o dono da horta e o jardineiro deverão dividir igualmente os frutos; o dono da horta deverá cortar a sua parte e ficar com ela.

§ 61 Se o jardineiro não tiver incluído todo o campo no plantio e tiver deixado um lugar abandonado, ele deverá colocar o lugar abandonado na parte que lhe couber.

§ 62 Se o campo que lhe foi dado para plantar não foi plantado, se era terra de milho, o jardineiro deverá entregar a mesma quantidade de milho para o proprietário do campo como a de seu vizinho, como indenização pelos anos que foram negligenciados, e ele deverá fazer o trabalho ordenado no campo e deixá-lo em condições de devolvê-lo ao proprietário.

§ 63 Se o campo for uma terra não recuperada, ele deverá fazer o trabalho ordenado no campo e devolvê-lo ao proprietário do campo e medir dez GUR de milho por GAN para cada ano.

§ 64 Se um homem tiver dado sua horta a um jardineiro para cultivá-la, o jardineiro, enquanto mantiver a horta, dará ao proprietário da horta dois terços da produção, e ele próprio ficará com um terço.

§ 65 Se o jardineiro não cultivar a horta e tiver diminuído a produção, ele deverá medir a produção da horta como a de seu vizinho.

OBSERVAÇÃO – Neste parágrafo, cinco colunas do monumento foram apagadas, ficando visíveis apenas os caracteres iniciais da coluna xvii. Os assuntos dessa última parte incluíam outras promulgações relativas aos direitos e deveres dos jardineiros, todos os regulamentos relativos a casas alugadas a inquilinos e as relações do comerciante com seus agentes, que continuam no anverso do monumento. [Scheil estima a parte perdida em 35 seções e, seguindo-o, recomeçamos com a próxima].

§ 100 [...] os juros do dinheiro, tanto quanto ele tomou emprestado, ele deverá anotar, e quando tiver chegado o dia de pagamento acordado, ele deverá pagar ao comerciante.

§ 101 Se, por onde passou, não viu prosperidade, ele deverá recuperar e devolver o dinheiro que pegou emprestado ao agente, que deverá entregar ao comerciante.

§ 102 Se um comerciante tiver emprestado dinheiro ao agente como um favor, e ele tiver sofrido perdas por onde passou, ele deverá devolver o valor total do dinheiro ao comerciante.

§ 103 Se, durante sua viagem, algum inimigo roubar o que o mercador estiver carregando, ele deverá jurar pelo nome de Deus que não teve culpa e sairá livre.

§ 104 Se o comerciante tiver dado ao agente milho, lã, óleo ou qualquer tipo de mercadoria para comercializar, o agente deverá anotar o preço e entregar ao comerciante; o agente deverá pegar um memorando selado do preço, que entregará ao comerciante.

§ 105 Se o agente esquecer e não levar um memorando selado do dinheiro que entregou ao comerciante, o dinheiro que não estiver selado não deverá ser colocado em sua contabilidade.

§ 106 Se um agente tiver tomado dinheiro emprestado de um comerciante, mas posteriormente esse comerciante tiver demanda contra ele em razão de o empréstimo não ter sido comprovado, o comerciante deverá pedir contas ao agente diante de Deus e de testemunhas a respeito do dinheiro tomado, e o agente deverá ressarcir o comerciante com o triplo do dinheiro que tomou.

§ 107 Se um comerciante mentir sobre um agente que devolveu a esse comerciante tudo o que tomou emprestado, afirmando que o agente não lhe devolveu, esse agente deverá prestar contas diante de Deus e de testemunhas, e o comerciante, por ter mentido sobre o agente, deverá devolver o sêxtuplo ao agente o que pegou.

§ 108 Se um comerciante de vinho não tiver recebido milho como pagamento da bebida, mas tiver recebido prata, e o preço da bebida for menor do que o preço do milho, esse comerciante de vinho deverá ser condenado a ser atirado na água.

§ 109 Se uma comerciante de vinho tiver reunido conspiradores em seu estabelecimento e não tiver prendido esses desordeiros e os levado ao palácio, essa comerciante de vinho será condenada à morte.

§ 110 Se uma consagrada, uma senhora, que não esteja vivendo no convento, tiver aberto uma loja de vinhos ou tiver entrado em uma loja de vinhos para beber, essa mulher deverá ser queimada até a morte.

§ 111 Se um comerciante de vinho tiver dado sessenta KA[28] da melhor cerveja na época da colheita para matar a sede, ela deverá receber cinquenta KA de milho.

§ 112 Se um homem se ausentar em uma viagem e tiver confiado prata, ouro, pedras preciosas ou tesouros de sua propriedade a outro homem, tiver feito que ele os leve para um local seguro, e esse homem não transportar e tomar os tesouros para si mesmo, ele deverá ser condenado a pagar ao proprietário cinco vezes mais o que lhe foi confiado.

§ 113 Se um homem tiver milho ou dinheiro com um depositário que, sem o consentimento do proprietário do milho, pegar o milho da pilha ou do armazém, por pegar o milho sem o consentimento do proprietário, quer seja da pilha ou do armazém, esse depositário deverá ser condenado a devolver a quantidade de milho que pegou, e perderá todo o lucro que porventura tiver obtido, seja o quanto for.

---

28 Apesar de intensa pesquisa, não foi possível encontrar a equivalência de KA no sistema de pesos e medidas antigo. Entretanto, os autores de "Egito, mesopotâmia, Fenícia, Hebreus, Índia e China: aspectos históricos, culturais e científicos", José Mário Costa Junior e Teresa Cristina Maté Calvo, coautores da obra intitulada "História e filosofia da ciência: apontamentos para auxiliar na contextualização de conteúdos a serem trabalhados em sala de aula", organizada por Antonio Donizetti Sgarbi, Eduardo Augusto Moscon Oliveira, Sidnei Quezada Meireles Leite, Ligia Arantes Sad – publicada pela Editora do Instituto Federal do Espírito Santo (Edifes), em 2018, explicam que: "Para contabilizar os bens do Estado, foi criado um sistema de sinais antes de 3000 a.C. Ronan (2001) supõe que tenham sido utilizadas figuras para representar os produtos mantidos em estoque, como o trigo, o gado etc. Esse tipo de escrita era semelhante aos hieróglifos egípcios. Com o passar do tempo, o número de símbolos foi aumentando e começaram a associar sons aos símbolos. A escrita foi se tornando mais difundida e, ao invés de papiros, o registro era feito em plaquetas de barro por meio do junco. A forma da escrita, que tinha diferentes inclinações, é chamada cuneiforme. Essa escrita, assim como a dos egípcios, não era alfabética, mas sim silábica" (COSTA JR., J. M.; CALVO, T. C. M. Egito, mesopotâmia, Fenícia, Hebreus, Índia e China: aspectos históricos, culturais e científicos. in: SGARBI, A. D. et al. (org.). História e filosofia da ciência: apontamentos para auxiliar na contextualização de conteúdos a serem trabalhados em sala de aula. Vitória: Edifes, 2018).

§ 114 Se um homem não tiver crédito em milho ou dinheiro contra outro homem, mas criar uma demanda exigindo tal crédito, por cada demanda ele deverá pagar um terço de uma mina de prata.

§ 115 Se um homem tiver crédito em milho ou dinheiro sobre outro homem e tiver exigido que seja levado à prisão, e o prisioneiro morrer de morte natural, esse caso não tem penalidade.

§ 116 Se o prisioneiro tiver morrido em função de maus-tratos de seu carcereiro, de pancadas ou de necessidade, o encarregado da prisão pedirá contas a seu acusador e, se o que tiver morrido for filho de um homem livre, o filho do acusador será morto; se for escravo de um homem livre, pagará um terço de uma mina de prata, e perderá tudo o que deu, seja o que for.

§ 117 Se um homem tiver contraído uma dívida e ele tiver dado sua mulher, seu filho ou sua filha em pagamento, tiver os entregado para quitar a dívida, por três anos eles trabalharão na casa de seu comprador ou explorador, e no quarto ano ele determinará sua liberdade.

§ 118 Se ele tiver entregado um servo ou uma serva para saldar uma dívida, e o comerciante os retirar e vender por dinheiro, ninguém poderá se opor.

§ 119 Se um homem tiver contraído uma dívida e ele tiver entregado em pagamento uma serva que lhe deu filhos, somente quando o dono da serva pagar a dívida é que ele poderá resgatar sua serva.

§ 120 Se um homem tiver amontoado seu milho na casa de outro homem, e no celeiro tiver ocorrido um desastre, ou se o dono da casa tiver aberto o celeiro e levado o milho, ou se tiver contestado a quantidade total do milho que foi amontoado em sua casa, o dono do milho deverá recontar seu milho diante de Deus, o dono da casa deverá compensar e devolver o milho que levou e restituir a quantidade ao dono do milho.

§ 121 Se um homem tiver armazenado milho na casa de outro homem, ele deverá dar como preço de armazenamento cinco KA de milho por GUR de milho por ano.

§ 122 Se um homem entregar prata, ouro ou qualquer outra coisa a outro homem em depósito, tudo o que ele depositar deverá ser mostrado a testemunhas e fixar em contrato antes de dar em depósito.

§ 123 Se, sem testemunhas e títulos, um homem tiver dado em depósito alguma coisa, e onde ele tiver depositado houver uma disputa, o depositante não poderá reclamar com legitimidade.

§ 124 Se um homem tiver dado prata, ouro ou qualquer outra coisa a outro homem em depósito diante de testemunhas, e o depositário tiver disputado com ele, deve-se pedir contas a esse homem, e o que quer que ele tenha disputado terá legitimidade, e aquele que negou deverá pagar tudo o que for alegado pelo proprietário.

§ 125 Se um homem tiver dado qualquer coisa de sua propriedade em depósito, e onde ele a tiver depositado algo de sua propriedade, seja por arrombamento ou por rebelião, tiver sido perdido, juntamente a uma coisa do proprietário da casa, o proprietário da casa que não cumpriu com a obrigação de depositário deverá indenizar o proprietário dos bens. Contudo, o proprietário da casa poderá procurar o que quer que tenha sido perdido e tomá-lo do ladrão.

§ 126 Se um homem não perdeu nada seu, mas disser que algo de sua propriedade foi perdido, exagerou sua perda, uma vez que nada seu foi perdido, ele deve recontar diante de Deus, e tudo o que ele reivindicou deverá compensar à sua comunidade.

§ 127 Se um homem apontou o dedo em acusação contra uma consagrada, ou contra a esposa de outro homem, e não comprovou, esse homem deverá ser jogado diante do juiz e marcado em sua testa.

§ 128 Se um homem se casar com uma mulher, mas não tiver firmado um contrato de seus laços, essa mulher não é esposa.

§ 129 Se a mulher de um homem for pega se deitando com outro homem, ambos devem amarrados e jogados nas águas, exceto se o marido da mulher quiser perdoar e, assim, salvar sua esposa como o rei tem o poder de salvar seu servo.

§ 130 Se um homem forçar a esposa de outro homem, a qual não havia tido relações com nenhum outro homem e que ainda está morando na casa de seu pai, e se deitar em seu seio e alguém os apanhar, esse homem deverá ser morto, mas a própria mulher deverá ficar livre.

§ 131 Se a mulher de um homem for acusada pelo próprio marido, mas ela não tiver sido apanhada com outro homem, ela jurará por Deus e voltará para sua casa.

§ 132 Se a esposa de um homem, por causa de outro homem, tiver o dedo apontado para ela em acusação, e não tiver sido pega se deitando com outro homem, ela mergulhará no rio sagrado por seu marido.

§ 133 Se um homem for levado cativo e em sua casa houver sustento, mas sua mulher tiver saído de sua casa e entrado na casa de outro homem, ela deverá ser condenada a ser atirada nas águas porque essa mulher não guardou seu corpo e entrou na casa de outro homem.

§ 134 Se um homem tiver sido levado cativo e em sua casa não houver sustento, e sua mulher tiver entrado na casa de outro, essa mulher não terá culpa.

§ 135 Se um homem for levado cativo e em sua casa não houver sustento, e sua mulher tiver entrado na casa de outro homem e tiver dado à luz filhos, mas depois seu marido retornar a sua cidade, essa mulher voltará para seu marido, mas os filhos seguirão seu pai.

§ 136 Se um homem tiver abandonado sua cidade e fugido, e depois dele sua mulher tiver entrado na casa de outro homem, no caso de esse fugitivo voltar e quiser retomar sua mulher, porque ele renunciou a sua cidade e fugiu, a mulher do fugitivo não voltará para seu marido.

§ 137 Se um homem quiser repudiar sua concubina que lhe deu filhos ou sua esposa que lhe concedeu filhos, ele devolverá a essa mulher sua porção matrimonial e lhe dará o usufruto do campo, do jardim e dos bens, e ela criará seus filhos. Quando seus filhos crescerem, eles deverão devolver a ela parte de tudo o que receberam, uma parte como a de um filho, e ela se casará com o marido de sua escolha.

§ 138 Se um homem repudiar sua esposa que não lhe deu filhos, ele deverá devolver a ela dinheiro equivalente ao seu dote, e lhe pagará a porção do casamento que ela trouxe da casa de seu pai, somente depois a repudiará.

§ 139 Se não houver dote, ele lhe dará uma mina de prata para o divórcio.

§ 140 Se ele for pobre, dará para a esposa repudiada um terço de uma mina de prata.

§ 141 Se a esposa de um homem que estiver morando na casa de seu marido tiver decidido sair e tiver agido como tola, desperdiçado sua casa e menosprezado seu marido, ela deverá prestar contas a ele. Se esse marido tiver dito: "Eu a expulso", ele a expulsará e ela seguirá o próprio caminho, e o marido não lhe dará nada pelo divórcio. Se seu marido não tiver dito: "Eu a expulso", ele poderá se casar com outra mulher, e a esposa repudiada habitará na casa de seu antigo marido como serva.

§ 142 Se uma mulher odiar seu marido e disser: "Não me possuirás", deve-se investigar o passado dela, qual é a sua falta, e se ela tiver sido econômica e não tiver nenhum vício, e seu marido tiver saído e a tiver menosprezado muito, essa mulher não tem culpa, ela deverá pegar sua porção de casamento e ir para a casa de seu pai.

§ 143 Se ela não tiver sido econômica, tiver vícios, tiver desperdiçado sua casa, tiver menosprezado seu marido, essa mulher deverá ser lançada às águas.

§ 144 Se um homem tiver desposado uma consagrada, e essa mulher tiver dado uma serva ao seu marido que tiver gerado filhos, mas mesmo assim esse homem decidir tomar uma concubina, não será permitido a esse homem tomar uma concubina.

§ 145 Se um homem desposou uma consagrada, mas ela não lhe deu filhos e ele se propôs a tomar uma concubina, esse homem poderá tomar uma concubina, ele a fará entrar em sua casa. Porém, ele não colocará essa concubina em pé de igualdade com a esposa.

§ 146 Se um homem desposar uma consagrada e ela der uma serva a seu marido e ela tiver filhos, mas depois a serva se igualar à sua senhora em razão de ter tido filhos, sua senhora não a venderá por dinheiro; ela a marcará e a contará entre as servas.

§ 147 Se ela não tiver dado à luz filhos, sua senhora poderá vendê-la por dinheiro.

§ 148 Se um homem se casou com uma mulher e ela adoeceu, e ele se propôs a se casar com outra mulher, poderá se casar com ela. Mas ele não poderá repudiar a mulher que adoeceu; ela habitará em sua casa e ele a sustentará enquanto ela viver.

§ 149 Se essa mulher não se contentar em morar na casa de seu marido, ele lhe pagará a cota de casamento que ela trouxe da casa de seu pai, e ela se retirará.

§ 150 Se um homem reservou para sua esposa um campo, um jardim, uma casa ou bens, e lhe deixou uma escritura selada, depois de seu marido falecer seus filhos não poderão disputar a herança, será a mãe que poderá escolher os filhos a quem ela dará esses bens, e aos irmãos do falecido ela nada dará.

§ 151 Se uma mulher que estiver morando na casa de um homem que tiver se comprometido a não ser permitido penhorar sua esposa por causa de uma dívida, tiver firmado um contrato, se esse homem antes de se casar com essa mulher tiver contraído uma dívida, o credor não penhorará sua esposa. Do mesmo modo, se essa mulher, antes de entrar na casa do homem, tiver uma dívida, seu credor não poderá penhorar seu marido.

§ 152 Se, desde o momento em que a mulher entrou na casa do homem, uma dívida se abateu sobre eles, ambos responderão juntos ao credor.

§ 153 Se a mulher de um homem, por causa de outro homem, tiver causado a morte de seu marido, essa mulher será colocada em uma estaca.

§ 154 Se um homem tiver relações com sua filha, esse homem será expulso da cidade.

§ 155 Se um homem tiver desposado uma noiva para seu filho, mas tiver relações com ela, tiver se deitado em seu seio e alguém o tiver apanhado, esse homem será amarrado e lançado às águas.

§ 156 Se um homem tiver desposado uma noiva com seu filho, e o filho não tiver relações com ela, mas o pai tiver se deitado com essa mulher, ele deverá pagar a essa mulher meia mina de prata e devolver o que ela tiver trazido da casa de seu pai, e ela poderá se casar com o marido de sua escolha.

§ 157 Se um homem, depois de seu pai, tiver se deitado com sua mãe, os dois juntos, mãe e filho, deverão ser queimados.

§ 158 Se um homem, na ausência de seu pai, for apanhado no seio daquela que o criou e que teve filhos, esse homem será extirpado da casa de seu pai.

§ 159 Se um homem que trouxe um presente para a casa de seu sogro, deu um dote, olhar para outra mulher e disser a seu sogro: "Com sua filha eu não me casarei", o pai da filha tomará a totalidade desse dote.

§ 160 Se um homem trouxer um presente para a casa de seu sogro, deu um dote, e o pai da filha disser: "Minha filha não te darei", ele deverá compensar e devolver ao pretendente da filha a totalidade desse dote.

§ 161 Se um homem trouxer um presente para a casa de seu sogro, deu um dote, e um camarada seu o caluniou, e seu sogro disser ao pretendente da esposa: "Minha filha tu não desposarás", ele deverá compensar e devolver a totalidade do dote, e seu camarada não se casará com sua noiva.

§ 162 Se um homem se casou com uma mulher e ela lhe deu filhos, após esse homem falecer seu pai não terá direito à parte de da herança, pois a parte de seu casamento pertence a seus filhos.

§ 163 Se um homem se casou com uma mulher e ela não lhe deu filhos, se essa mulher falecer o sogro deverá retomar o dote dado para o casamento. O marido não terá direito à parte do casamento dessa mulher, pois essa parte do casamento pertence à casa do pai da falecida.

§ 164 Se o sogro dele não tiver dado o dote, o marido deduzirá todo o dote da parte do casamento dele e devolverá a parte do casamento dela à casa do pai dela.

§ 165 Se um homem der a seu filho primogênito o campo, o jardim e a casa, e elaborou uma escritura selada, depois que o pai tiver morrido, quando os irmãos dividirem os bens, o presente que seu pai deu ao filho primogênito permanecerá dele, depois eles deverão compartilhar igualmente os bens restantes da casa do pai.

§ 166 Se um homem tiver arranjado esposas para seus filhos, mas para o filho mais novo não tiver tomado uma esposa, depois que o pai tiver morrido, quando os irmãos dividirem os bens da casa paterna, deverão reservar para seu irmão mais novo que não tomou uma esposa, além de sua parte, dinheiro como dote e farão que ele tome uma esposa.

§ 167 Se um homem tiver tomado uma mulher e ela lhe tiver dado filhos, e essa mulher tiver morrido, e depois dela ele tiver tomado para si outra mulher e ela tiver dado filhos, quando o pai tiver morrido os filhos não terão a parte de suas mães; eles receberão os quinhões de casamento de suas mães e dividirão igualmente os bens da casa paterna.

§ 168 Se um homem se propuser a expulsar seu filho, se disser ao juiz: "Vou expulsar meu filho", o juiz investigará suas razões e, se o filho não tiver cometido um crime grave que torne nula sua filiação, o pai não poderá invalidar a filiação de seu filho.

§ 169 Se o filho tiver cometido contra seu pai um crime grave que o exclua da filiação pela primeira vez, o juiz determinará que seja perdoado; se ele tiver cometido um crime grave pela segunda vez, o pai deverá excluir seu filho da filiação.

§ 170 Se um homem tiver esposa lhe deu filhos, mas também teve filhos com sua serva, e esse pai em sua vida disse aos filhos que a serva lhe deu "meus filhos", e os contou com os filhos de sua esposa, depois que o pai tiver morrido os filhos da esposa e os filhos da serva compartilharão igualmente os bens da casa do pai; os filhos da esposa conduzirão a partilha.

§ 171 E se o pai, em sua vida, não tiver dito "meus filhos" aos filhos que a serva lhe deu, depois que o pai tiver morrido os filhos da serva não compartilharão com os filhos da esposa os bens da casa paterna, e a serva e seus filhos serão libertados; os filhos da esposa não terão direito à colocar em servidão dos filhos da serva; a esposa receberá de volta o dote de casamento e o acordo que seu marido lhe deu e escreveu em uma escritura, e habitará na residência de seu marido enquanto viver, desde que não a venda por dinheiro, pois depois dela seus filhos herdarão os bens.

§ 172 Se seu marido não lhe deu escritura, um deles lhe pagará a porção do casamento e, dos bens da casa de seu marido, ela receberá uma parte como a de um filho. Se os filhos dela a fizerem sair de casa, o juiz investigará suas razões e, caso atribua a culpa aos filhos, essa mulher não sairá da casa de seu marido. Se a mulher estiver disposta a sair, ela deixará para seus filhos o acordo que seu marido lhe deu;

ela receberá a parte do dote do casamento da casa de seu pai e se casará com o marido de sua escolha.

§ 173 Se essa mulher, onde ela tiver nova moradia, tiver dado à luz filhos a seu marido posterior, depois que essa mulher tiver morrido os filhos anteriores e posteriores compartilharão o dote de seu casamento.

§ 174 Se ela não tiver tido filhos com seu marido posterior, os filhos de seu primeiro casamento ficarão com o dote.

§ 175 Se um escravo do palácio ou um escravo de homem livre tiver se casado com a filha de um senhor e ela tiver tido filhos, o dono do escravo não terá direito de escravizar os filhos dessa filha.

§ 176 E se um escravo do palácio ou o escravo de um homem livre tomou como esposa a filha de um cavalheiro e, quando ele se casou com ela recebeu dote de casamento da casa de seu pai, ela entrou na casa do escravo do palácio ou do escravo do homem livre, e a partir do momento que eles começaram a manter a casa e adquiriram propriedade, depois que o servo do palácio ou o servo do homem livre tiver morrido, a filha do cavalheiro receberá sua porção matrimonial, e tudo o que seu marido e ela adquirirem desde que começaram a viver em casa será dividido em duas partes: o proprietário do escravo receberá metade e a filha do cavalheiro receberá metade para seus filhos. Se a filha de um senhor não tiver dote de casamento, tudo o que seu marido e ela adquirirem, desde o início, será dividido em duas partes, sendo a metade para o proprietário do escravo, e a outra metade ficará para a filha de seu senhor e seus filhos.

§ 177 Se uma viúva, cujos filhos sejam jovens, quiser entrar na casa de outro homem, ela não poderá entrar sem o consentimento de um juiz. Para que ela possa entrar na casa de outra pessoa um juiz investigará o que restou da casa de seu ex-marido, que poderá ser confiada a seu último marido, e a essa mulher ele confiará e fará que recebam uma escritura. Elas guardarão a casa e criarão os pequeninos. Não poderão vender nenhum utensílio por dinheiro. O comprador que tiver adquirido um utensílio dos filhos de uma viúva perderá seu dinheiro e devolverá a propriedade a seus donos.

§ 178 Se uma dama, uma consagrada ou uma mulher devota cujo pai lhe concedeu uma porção matrimonial e lhe fez uma escritura, mas nessa escritura que ele lhe fez não determinou que ela poderia fazer o que quisesse com os bens, não lhe permitiu toda a sua escolha, depois que o pai tiver morrido seus irmãos tomarão seu campo e sua horta e, de acordo com o valor de sua parte, lhe darão milho, óleo e lã, e satisfarão seu coração. Se seus irmãos não lhe tiverem dado milho, azeite e lã, de acordo com o valor de sua parte, e não tiverem satisfeito seu coração, ela dará seu campo ou sua horta a um cultivador, a quem lhe agradar, e seu cultivador a sustentará. Do campo, da horta ou de tudo o que seu pai lhe tiver dado, ela gozará enquanto viver; não venderá por dinheiro nem responderá a outrem; sua filiação é a mesma de seus irmãos.

§ 179 Se uma dama, uma consagrada ou uma mulher devota cujo pai lhe concedeu uma porção matrimonial e escreveu-lhe uma escritura, e nessa escritura ele escreveu que ela poderia dispor de seus bens como quiser, permitiu-lhe toda a sua escolha, depois que o pai tiver morrido seus irmãos não têm direito de reivindicar nenhum dos bens dela.

§ 180 Se um pai não concedeu um dote matrimonial à sua filha, uma consagrada, noiva ou mulher devota, depois que o pai tiver morrido ela deverá herdar parte dos bens da casa do pai na mesma proporção que os demais filhos, enquanto viver ela deverá desfrutar, e depois dela os bens serão de seus irmãos.

§ 181 Se um pai tiver uma filha consagrada a um deus, hieródula[29], e não lhe tiver concedido um dote matrimonial, depois que o pai tiver morrido ela deverá herdar dos bens da casa paterna um terço de sua porção de filiação e deverá desfrutá-la enquanto viver, depois dela a posse será de seus irmãos.

§ 182 Se um pai tiver uma filha consagrada a Marduk, da Babilônia, mas não lhe concedeu dote matrimonial, não lhe escreveu uma escritura, depois que o pai tiver morrido ela dividirá com seus irmãos os bens da casa paterna, recebendo um terço de sua parte de filiação, e não pagará nenhum imposto; uma devota de Marduk poderá legar sua herança a quem desejar.

§ 183 Se um pai conceder à sua filha, uma concubina, um dote matrimonial, entregá-la a um marido, escrever uma escritura para ela, depois que o pai tiver morrido ela não participará da divisão dos bens da casa paterna.

§ 184 Se um homem não concedeu à sua filha concubina um dote matrimonial, depois que o pai tiver morrido seus irmãos, de acordo com a quantidade de bens da casa paterna, concederão a ela um dote matrimonial e a farão que tenha um marido.

---

29 Na Antiguidade grega e oriental era uma mulher consagrada de um templo.

§ 185 Se um homem tiver adotado uma criança pequena e lhe concedido a filiação e a tiver criado, ninguém terá qualquer direito sobre essa criança.

§ 186 Se um homem tiver adotado uma criança e concedido a ela filiação, mas o pai e sua mãe biológicos posteriormente se rebelaram, essa criança deverá retornar à casa dos pais biológicos.

§ 187 O filho de um guardião do palácio ou o filho de uma mulher devota não poderão ser reivindicados.

§ 188 Se um artesão tiver tomado um filho para criar e o tiver feito aprender seu ofício, ninguém terá direito a ele.

§ 189 Se o artesão não tiver feito que o filho aprenda seu ofício, esse filho deverá retornar à casa de seus pais.

§ 190 Se um homem tiver adotado um filho a quem concedeu filiação e o criou, e não o tiver equiparado a seus filhos, esse filho adotivo voltará para a casa de seus pais.

§ 191 Se um homem, depois que de ter adotado um menino a quem concedeu filiação e o criou, tiver feito uma casa para si e adquirido filhos, e se propuser a rechaçar o filho adotivo, esse menino não seguirá seu caminho sem que o pai lhe dê parte de seus bens, um terço de sua herança, e ele se retirará. Entretanto, não herdará parte do campo nem do jardim e da casa.

§ 192 Se um filho de um guardião do palácio ou de uma mulher devota, ao pai que o criou ou à mãe que o criou tiver dito "tu não és meu pai, tu não és minha mãe", sua língua deverá ser cortada.

§ 193 Se um filho de um guarda do palácio ou de uma mulher devota conheceu a casa de seu pai e odiou o pai que o criou ou a mãe que o criou, e retornou para a casa de seu pai biológico, deverá ser condenado a ter o olho arrancado.

§ 194 Se um homem tiver dado seu filho a uma ama de leite, e esse filho tiver morrido nas mãos dela, e depois a ama de leite, sem o consentimento do pai e da mãe da criança falecida, tiver conseguido outra criança, deverá ser julgada por ter conseguido outra criança sem o consentimento do pai e da mãe, sua penalidade deverá ser ter seus seios cortados.

§ 195 Se um homem tiver batido em seu pai, suas mãos serão cortadas.

§ 196 Se um homem tiver causado a perda do olho de um cavalheiro, seu olho será perdido.

§ 197 Se ele tiver despedaçado o membro de um cavalheiro, sua condenação será ter um membro despedaçado.

§ 198 Se ele tiver feito que outro homem perca seu olho ou tenha quebrado o membro de outro homem, ele deverá pagar uma mina de prata.

§ 199 Se ele tiver causado a perda do olho de um servo de um cavalheiro ou tiver quebrado o membro de um servo de um cavalheiro, ele deverá pagar metade do seu preço.

§ 200 Se um homem tiver feito cair o dente de outro homem de sua mesma posição social, deverá ser condenado a perder o próprio dente.

§ 201 Se ele tiver feito cair o dente de um homem liberto, deverá pagar um terço de uma mina de prata.

§ 202 Se um homem bater com força em um homem cuja posição social está muito acima dele, ele deverá ser açoitado na assembleia com sessenta golpes de um chicote de couro de vaca.

§ 203 Se um homem livre tiver batido com força em outro homem de livre, que seja semelhante a ele, ele deverá pagar uma mina de prata.

§ 204 Se um homem liberto tiver batido com força em outro homem liberto, ele deverá pagar dez siclos de prata.

§ 205 Se o servo de um cavalheiro tiver batido com força em um homem livre, ele deverá ter sua orelha cortada.

§ 206 Se um homem tiver batido em um homem em uma briga e lhe tiver causado um ferimento, esse homem deverá jurar "eu não tinha essa intenção" e deverá arcar com as despesas médicas.

§ 207 Se ele tiver morrido por causa desses golpes, deverá jurar, e se for um homem livre, deverá pagar meia mina de prata.

§ 208 Se for filho de um homem liberto, pagará um terço de uma mina de prata.

§ 209 Se um homem ferir a filha de um senhor e causar dano ao bebê que estiver em seu ventre, pagará dez siclos de prata pela vida que estava no ventre da mulher.

§ 210 Se essa mulher tiver morrido, a própria filha desse homem deverá ser morta.

§ 211 Se a filha de um homem liberto, com seus golpes, tiver causado a perda da vida que estava no ventre de uma mulher, ele pagará cinco siclos[30] de prata.

§ 212 Se a mulher tiver morrido, ele pagará meia mina de prata.

§ 213 Se ele tiver golpeado a serva de um cavalheiro e causado a morte do bebê em seu ventre, ele pagará dois siclos de prata.

§ 214 Se a serva tiver morrido, ele pagará um terço de uma mina de prata.

§ 215 Se um médico tiver tratado um cavalheiro de uma ferida grave com uma lanceta de bronze e tiver curado o homem, ou se tiver aberto um abscesso do olho de um cavalheiro

---

30 No sistema de medidas da antiga Mesopotâmia, 1 siclo correspondia a 8 gramas.

com uma lanceta de bronze e tiver curado o olho do cavalheiro, ele receberá dez siclos de prata.

§ 216 Se o paciente for filho de um homem liberto, receberá cinco siclos de prata.

§ 217 Se o paciente for servo de um senhor, o senhor do servo dará dois siclos de prata ao médico.

§ 218 Se o médico tiver tratado um cavalheiro de uma ferida grave com uma lanceta de bronze e tiver causado a morte do cavalheiro, ou se tiver aberto um abscesso no olho de um cavalheiro com uma lanceta de bronze e tiver causado a perda do olho do cavalheiro, esse médico será condenado a ter suas mãos cortadas.

§ 219 Se um médico tiver tratado a ferida grave do escravo de um homem liberto com uma lanceta de bronze e tiver causado sua morte, esse médico deverá ser condenado a restituir o escravo morto com um novo escravo.

§ 220 Se ele tiver aberto o abscesso do escravo de um homem com uma lanceta de bronze e o tiver feito perder o olho, o médico deverá pagar em dinheiro a metade do preço desse escravo.

§ 221 Se um médico curar o membro quebrado de um cavalheiro, ou curar o intestino doente, o paciente deverá dar cinco siclos de prata ao médico.

§ 222 Se o paciente for o filho de um homem liberto, ele deverá dar três siclos de prata.

§ 223 Se o paciente for servo de um senhor, o senhor do escravo dará dois siclos de prata ao médico.

§ 224 Se um médico de vacas ou de ovelhas tiver tratado uma vaca ou uma ovelha por causa de uma ferida grave e a tiver curado, o proprietário da vaca ou da ovelha dará ao médico um sexto de um siclo de prata como honorário.

§ 225 Se o médico tiver tratado uma vaca ou uma ovelha por causa de uma ferida grave e tiver causado sua morte, ele deverá dar um quarto do preço do animal ao proprietário do boi ou da ovelha.

§ 226 Se um marcador, sem o consentimento do proprietário do escravo, tiver marcado um escravo com uma marca indelével, esse marcador deverá ter as mãos cortadas como penalidade.

§ 227 Se um homem tiver enganado o marcador e o tiver levado a marcar um escravo com uma marca indelével, esse homem deverá matar o marcador e o enterrará em sua casa; caso o marcador jure: "Não sabia da enganação, por isso o marquei", então ficará livre.

§ 228 Se um construtor tiver construído uma casa para um homem e a tiver terminado, ele lhe dará como pagamento dois siclos de prata por SAR[31] de casa.

§ 229 Se um construtor tiver construído uma casa para um homem e não tiver reforçado sua obra, e a casa que ele construiu tiver caído e causado a morte do dono da casa, esse construtor será condenado à morte.

§ 230 Se um construtor tiver causado a morte do filho do dono da casa, o condenado à morte será o filho desse construtor.

§ 231 Se um construtor tiver causado a morte do escravo do dono da casa, ele deverá indenizar o dono da casa com outro escravo.

---

31 No sistema de medidas da antigas Masopotâmia, 1 Sar era equivalente a 36 metros quadrados.

§ 232 Se um construtor causar a perda de bens, ele deverá devolver tudo o que o proprietário perdeu, e por ele não ter fortificado a casa que construiu, motivo pelo qual ela caiu, esse construtor deverá reconstruir a casa que caiu com os próprios recursos.

§ 233 Se um construtor tiver construído uma casa para um homem, mesmo que ainda não tenha terminado seu trabalho, e a parede tiver caído, esse construtor, com os próprios recursos, deverá reparar a parede.

§ 234 Se barqueiro tiver navegado um navio de sessenta GUR[32] para um homem, ele lhe dará dois siclos de prata como remuneração.

§ 235 Se um barqueiro tiver navegado uma embarcação para um homem e não tiver feito seu trabalho de forma confiável e, no mesmo ano em que trabalhou na embarcação ela tiver sofrido um dano, o barqueiro deverá trocar o barco ou torná-lo forte com os próprias recursos e indenizar o proprietário dando a ele uma embarcação forte.

§ 236 Se um homem tiver entregado sua embarcação a um barqueiro, por aluguel, e o barqueiro tiver sido descuidado, encalhado a embarcação ou causado sua perda, o barqueiro deverá indenizar o proprietário pagando a ele outra embarcação.

§ 237 Se um homem tiver contratado um barqueiro e sua embarcação e, com milho, lã, óleo, tâmaras ou o que quer que seja como carga, o tiver carregado, e o barqueiro tiver sido descuidado e encalhado essa embarcação ou tiver causado a perda da mercadoria que havia nela, o barqueiro deverá

---

32 No sistema de medidas da antiga Masopotâmia, 1 Gur equivalia a aproximadamente 300 litros ou a 300 quilos.

devolver tanto a embarcação que encalhou e toda a mercadoria perdida como indenização.

§ 238 Se um barqueiro tiver encalhado a embarcação de um homem, mas depois conseguir reflutuar, ele deverá indenizar o proprietário com o valor equivalente à metade do preço da embarcação.

§ 239 Se um homem tiver contratado um barqueiro, deverá lhe dar seis GUR de milho por ano.

§ 240 Se uma embarcação em marcha atingir outra embarcação ancorada e afundá-la, o proprietário da embarcação que foi afundada contará diante de Deus a mercadoria que perdeu, e o proprietário da embarcação em marcha que afundou a embarcação ancorada deverá ser condenado a restituir entregando tanto a própria embarcação quanto indenizando por toda a mercadoria que foi perdida.

§ 241 Se um homem tiver tomado um boi de outro homem à força, ele deverá pagar um terço de uma mina de prata.

§ 242 Se um homem alugar um boi de trabalho por um ano, ele deverá pagar quatro GUR de milho como seu aluguel.

§ 243 Se for uma vaca leiteira, ele deverá dar três GUR de milho ao seu dono.

§ 244 Se um homem alugar um boi ou uma ovelha, e um leão o matar em campo aberto, essa perda será para o seu dono.

§ 245 Se um homem alugar um boi e, por negligência ou por pancadas, o fez morrer, boi por boi, ele deverá indenizar o dono do boi pagando-lhe outro boi semelhante.

§ 246 Se um homem alugar um boi e esmagar sua pata ou cortar sua nuca, boi por boi, ele deverá indenizar o dono do boi pagando-lhe outro boi semelhante.

§ 247 Se um homem alugar um boi e causar que ele perca o olho, ele deverá pagar metade do preço ao proprietário do boi.

§ 248 Se um homem alugar um boi e esmagar seu chifre, cortar sua cauda ou furar suas narinas, ele deverá pagar um quarto do seu preço ao proprietário.

§ 249 Se um homem alugar um boi e Deus o ferir e ele morrer, o homem que alugou o boi deverá jurar perante Deus que não teve culpa e ficará livre.

§ 250 Se um touro selvagem, que não esteja sob a responsabilidade de um homem, ao passar pela estrada tiver chifrado outro homem e tiver causado sua morte, trata-se de caso irremediável. Portanto, não cabe indenização.

§ 251 Se o boi tiver proprietário e investir contra um homem e, apesar de esse comportamento hostil de dar chifradas seja conhecido, mas o proprietário não tomou o cuidado de ter descornado seu chifre, não amarrou seu boi, e esse boi chifrou um homem livre causando sua morte, o proprietário do boi deverá pagar meia mina de prata.

§ 252 Se a vítima for o escravo de um cavalheiro, pagará um terço de uma mina de prata.

§ 253 Se um homem contratar outro homem para residir em seu campo, fornecer-lhe sementes, confiar-lhe os bois e os arrear para cultivar o campo, mas esse homem contratado roubar o milho ou as plantas, desde elas sejam apreendidas em suas mãos, ele deverá ser condenado a ter suas mãos cortadas.

§ 254 Se esse homem contratado tiver tomado a semente, desgastado os bois, ele deverá restituir a semente que tiver colhido.

§ 255 Se esse homem contratado sublocar os bois do proprietário ou roubar o milho e não cultivar o campo, aquele homem deverá prestar contas ao proprietário, que deverá medir sessenta GUR de milho por GAN[33] de terra.

§ 256 Se ele não puder pagar a indenização, deverá ser forçado a trabalhar como os bois do campo.

§ 257 Se um homem tiver contratado um colhedor, deverá lhe dar oito GUR de milho por ano.

§ 258 Se um homem tiver contratado um condutor de bois, ele deverá lhe dar seis GUR de milho por ano.

§ 259 Se um homem tiver roubado uma máquina de rega do campo, ele deverá dar cinco siclos de prata ao proprietário da máquina de rega.

§ 260 Se ele tiver roubado um balde de irrigação ou uma grade, ele deverá pagar três siclos de prata.

§ 261 Se um homem tiver contratado um pastor para as vacas ou um pastor para as ovelhas, ele deverá lhe dar oito GUR de milho por ano.

§ 262 Se um homem, um boi ou uma ovelha [esta seção está desfigurada].

§ 263 Se um homem tiver causado a perda de um boi ou de uma ovelha que lhe foi confiada, boi por boi, ovelha por ovelha, ele deverá indenizar o proprietário pagando a ele outro boi ou ovelha.

§ 264 Se um pastor que recebeu vacas ou ovelhas para pastorear, recebeu seu pagamento segundo o que foi acordado, e seu coração estava satisfeito, porém diminuiu as vacas, diminuiu as ovelhas ou diminuiu a prole, ele deverá indenizar essa prole e produzir de acordo com o valor de suas obrigações.

---

33 No sistema de medidas da antiga Masopotâmia, 1 Gan equivalia a aproximadamente 6 metros quadrados.

§ 265 Se um pastor, a quem foram confiadas vacas e ovelhas para procriar, falsificar e alterar o preço delas, ou as vender, ele deverá ser condenado a devolver dez vezes mais da quantidade das vacas e ovelhas ao seu dono.

§ 266 Se em um aprisco tiver ocorrido um golpe de Deus ou se um leão tiver matado os animais, o pastor deverá se purificar diante de Deus, e o dono do aprisco deverá arcar com o prejuízo do acidente do aprisco.

§ 267 Se um pastor tiver sido descuidado e, em um aprisco, tiver causado uma perda, esse pastor deverá reparar a culpa da perda que ele causou no aprisco indenizando o proprietário pelas vacas ou ovelhas.

§ 268 Se um homem alugar um boi para debulhar, vinte KA de milho será o valor de seu aluguel.

§ 269 Se um homem alugar um jumento para debulhar, seu aluguel será de dez KA de milho.

§ 270 Se ele alugou um bezerro (cabra?) para debulhar, o aluguel é de um KA de milho.

§ 271 Se um homem tiver alugado bois, uma carroça e seu condutor, ele deverá dar cento e oitenta KA de milho por dia.

§ 272 Se um homem alugou uma carroça por si só, ele deverá dar quarenta KA de milho por dia.

§ 273 Se um homem contratou um trabalhador, do início do ano até o quinto mês, ele deverá dar seis SE[34] de prata por dia; do sexto mês até o final do ano, ele deverá dar cinco SE de prata por dia.

§ 274 Se um homem contratar um artesão:

(a) o salário será de cinco SE de prata;

---

34 No sistema de medidas da antiga Masopotâmia, 1 SE de prata equivalia a 0,05 gramas.

(b) o um fabricante de tijolos terá salário de cinco SE de prata;

(c) o salário de um alfaiate será de cinco SE de prata;

(d) o salário de um cortador de pedras será de SE de prata;

(e) o salário de [...]³⁵ SE de prata;

(f) o salário de um [...] SE de prata;

(g) o salário de um carpinteiro será de quatro SE de prata;

(h) o salário de um [...] quatro SE de prata;

(i) o salário de um [...] SE de prata;

(j) o salário de um construtor [...] SE de prata por dia.

§ 275 Se um homem alugar um (barco?) por dia, seu aluguel será de três SE de prata.

§ 276 Se um homem alugar uma embarcação rápida, ele deverá dar dois e meio SE de prata por dia como seu aluguel.

§ 277 Se um homem alugar uma embarcação de sessenta GUR, dará como aluguel um sexto de um siclo de prata por dia.

§ 278 Se um homem tiver comprado um servo ou uma serva, e ele não tiver cumprido seu mês e a doença bennu³⁶ tiver caído sobre ele, ele o devolverá ao vendedor, e o comprador receberá o dinheiro que pagou.

---

35 Parte ilegível da pedra onde estava gravada a regra.

36 "Ao analisar um tablete assírio de literatura médica de 2.700 anos, encontrado em Mosul, no Iraque, um pesquisador da Universidade de Copenhage se deparou com a figura de um demônio ligado à epilepsia. A descoberta foi creditada ao assiriólogo Troels Pank Arbøll, em estudo patrocinado pela Fundação Edubba. Elucidando nosso conhecimento sobre a saúde e a magia no mundo assírio, o desenho foi encontrado quase apagado num texto cuneiforme acadiano. [...] Bennu era o nome em acadiano para as crises que hoje chamamos de epilepsia". (NOGUEIRA, André. Rara figura de "demônio da epilepsia é revelada em estudo impressionante. Aventuras na História, 24 dez. 2019. Disponível em: https://aventurasnahistoria.uol.com.br/noticias/historia-hoje/figura-de-demonio-da-epilepsia-e-revelada-em-estudo-impressionante.phtml?utm_source=site&utm_medium=txt&utm_campaign=copypaste. Acesso em: 26 maio 2023).

§ 279 Se um homem tiver comprado um servo ou uma serva e tiver uma reclamação, seu vendedor deverá responder à reclamação.

§ 280 Se um homem tiver comprado, em uma terra estrangeira, o servo ou a serva de um homem, quando ele entrar na terra, e o proprietário do servo ou da serva tiver reconhecido seu servo ou sua serva, caso forem nativos, sem preço, ele lhes concederá sua liberdade.

§ 281 Se eles forem nativos de outra terra, o comprador deverá declarar diante de Deus o dinheiro que pagou, e o proprietário do servo ou da serva deverá devolver ao comerciante o dinheiro que pagou, e deverá recuperar seu servo ou sua serva.

§ 282 Se um escravo tiver dito ao seu senhor: "Tu não és meu senhor", como escravo dele, seu senhor deverá lhe cortar a orelha.

* * * * *

Os julgamentos de justiça que Hamurabi, o poderoso rei, confirmou e fez que a terra recebesse tornaram-se uma orientação segura de um governo valioso.

As três seções seguintes, que se sabe pertencerem ao Código por meio de cópias feitas para um rei assírio no século VII a.C., são apresentadas aqui para fins de completude. Obviamente, elas se encontram no espaço antes ocupado pelas cinco colunas apagadas.

§ X Se um homem tomar dinheiro de um mercador e der uma plantação de tâmaras ao mercador, e lhe disser: "As tâmaras que estão em minha plantação, toma-as em troca por teu dinheiro", mas esse mercador não concordar, as tâmaras que estiverem na plantação continuarão a pertencer ao dono da plantação, e ele responderá ao mercador pelo dinheiro e seus juros, de acordo com o teor de sua obrigação. As que estiverem vencidas, que estiverem na plantação, o proprietário da plantação deverá tomar para si.

§ Y [...] o homem que morar (na casa) e der ao dono (da casa) o dinheiro de seu aluguel integral para o ano, mas o dono da casa ordenar que o morador saia quando seus dias não estivessem vencidos, o dono da casa, por ter ordenado que o morador saia quando ainda vigorava o contrato, (deverá devolver) o dinheiro que o morador lhe deu [...].

§ Z Se um homem tiver de pagar, em dinheiro ou milho, e não tiver dinheiro ou milho para pagar, mas tiver bens, o que estiver em suas mãos, perante testemunhas, de acordo com o que tiver trazido, ele dará ao comerciante. O mercador não poderá se opor, mas sim deverá receber.

Epílogo

As leis justas que Hamurabi, o rei sábio, estabeleceu e (por meio das quais) ele deu à Terra apoio estável e governo puro. Hamurabi, o rei perfeito, sou eu. Não fui descuidado nem negligenciei o povo dos Cabeças Negras, cujo governo Bel apresentou e Marduk entregou a mim. Eu lhes proporcionei um país pacífico. Abri barreiras difíceis e lhes dei apoio. Com a poderosa arma que Za-m-má e Nana me confiaram, com a amplitude de visão que Ea me concedeu, com o poder que Marduk me deu, expulsei o inimigo ao norte e ao sul; acabei com seus ataques. Trouxe saúde para a Terra. Deixei a população descansar em segurança; não permiti que ninguém a molestasse.

Os grandes deuses me proclamaram e eu sou o governador guardião, cujo cetro é justo e cuja proteção benéfica se estende sobre minha cidade. Em meu seio, levei o povo da terra da Suméria e de Acade; sob minha proteção, coloquei seus irmãos em segurança; em minha sabedoria, eu os contive (escondi), para que os fortes não se opusessem aos fracos.

e para que fizessem justiça ao órfão e à viúva, na Babilônia, a cidade cujas torres Anu e Bel ergueram; em Esagila, o templo cujos alicerces são firmes como o céu e a terra, para pronunciar julgamentos na terra, para proferir decisões para a terra dos ladrilhos e para corrigir o erro, escrevi minhas palavras de peso; em meu monumento e na presença de minha imagem como rei da justiça eu estabeleci.

O rei, que é preeminente entre os reis da cidade, sou eu. Minhas palavras são preciosas, minha sabedoria é inigualável. Por ordem de Shamash, o grande juiz do céu e da Terra, que eu faça a justiça brilhar na Terra. Por ordem de Marduk, meu senhor, que ninguém apague minhas estátuas, que meu nome seja lembrado com favor em Esagila para sempre. (Col. 41.) Que qualquer homem oprimido, que tenha uma causa, venha diante de minha imagem como rei da justiça! Que ele leia a inscrição em meu monumento! Que ele dê atenção às minhas palavras de peso! E que meu monumento o ilumine quanto à sua causa e que ele entenda seu caso!

Que ele possa acalmar seu coração! (e ele exclamará): "Hamurabi é, de fato, um governante que é como um verdadeiro pai para seu povo; ele reverenciou as palavras de Marduk, seu senhor; ele obteve vitória para Marduk no norte e no sul; ele alegrou o coração de Marduk, seu senhor; ele estabeleceu prosperidade para o povo para sempre e deu um governo puro à Terra". Que ele leia o código e ore com o coração cheio diante de Marduk, meu senhor, e Zarpanit, minha senhora, e que as divindades protetoras, os deuses que entram em Esagila, diariamente no meio de Esagila, vejam com bons olhos seus desejos (planos) na presença de Marduk, meu senhor, e Zarpanit, minha senhora!

Epílogo

Nos dias que ainda estão por vir, por todo o tempo futuro, que o rei que está na Terra observe as palavras de justiça que escrevi em meu monumento! Que ele não altere os julgamentos de azulejos da terra que eu pronunciei ou as decisões do país que eu proferi! Que ele não apague minhas estátuas! Se esse homem tiver sabedoria, se quiser dar à sua terra um bom governo, que ele preste atenção às palavras que escrevi em meu monumento! E que esse monumento o ilumine quanto ao procedimento e à administração, aos julgamentos que proferi e às decisões que tomei para a Terra! E que ele governe corretamente seu povo Cabeça Negra; que ele pronuncie julgamentos para eles e tome decisões para eles! Que ele erradique os perversos e malfeitores de sua terra! Que ele promova o bem-estar de seu povo! Hamurabi, o rei da retidão, a quem Shamash dotou de justiça, sou eu. Minhas palavras são de peso; meus atos são incomparáveis .... (Col. 42) e trazem honra.

Se esse homem prestar atenção às minhas palavras, que escrevi em meu monumento (não apague meus julgamentos, não anule minhas palavras e não altere minhas estátuas), então Shamash prolongará o reinado desse homem, como fez com o meu, que sou o rei da justiça, para que ele governe seu povo em retidão.

Se esse homem não prestar atenção às minhas palavras que escrevi em meu monumento, se ele se esquecer de minha maldição e não temer a maldição de Deus, se ele abolir os julgamentos que formulei, anular minhas palavras, alterar minhas estátuas, apagar meu nome escrito nelas e escrever o próprio nome, por causa dessas maldições, encarregue outro de fazê-lo, pois esse homem, seja ele rei ou senhor, sacerdote-rei ou plebeu, quem quer que seja, que o grande Deus, o pai dos deuses, que ordenou meu reinado, tire dele a glória de sua soberania, que ele quebre seu cetro e amaldiçoe seu destino!

Que Bel, o senhor que determina os destinos, cuja ordem não pode ser alterada, que ampliou meu domínio, o expulse de sua morada por meio de uma revolta que sua mão não pode controlar e dê uma maldição destrutiva para ele. Que ele determine como seu destino um reinado de suspiros, anos de fome, escuridão sem luz, a morte o encarando de frente! Que Bel ordene a destruição de sua cidade, a dispersão de seu povo, o roubo de seu domínio, o apagamento de seu nome e de sua memória da Terra, com seu poderoso comando!

Que Belit, a augusta mãe, cujo comando é poderoso em E-kur, que olha com gracioso favor para meus planos, no lugar de julgamento e decisões, perverta suas palavras na presença de Bel! Que ela ponha na boca de Bel, o rei, a ruína de sua terra, a destruição de seu povo e o derramamento de sua vida como água!

Que Ea, o grande príncipe, cujos decretos têm precedência, o líder dos deuses, que sabe tudo, que prolonga (Col. 43) os dias da minha vida, o prive de conhecimento e sabedoria! Que ele o leve ao esquecimento e represe seus rios em suas fontes!

Que ele não permita que o milho, que é a vida do povo, cresça em sua terra!

Que Shamash, o grande juiz do céu e da Terra, que governa todas as criaturas vivas, o senhor (que inspira) confiança, derrube seu domínio; que ele não lhe conceda seus direitos! Que ele o faça errar em seu caminho, que ele destrua a massa (base) de suas tropas! Que ele lhe traga à tona o mau pressá-

Epílogo

gio do desarraigamento dos alicerces de sua soberania e da ruína de seu louvor.

Que a maldição de Shamash caia rapidamente sobre ele!

Que ele lhe tire a vida lá em cima (na terra)! Em baixo. Dentro da terra, que ele prive seu espírito da água! Que Sin, o senhor do céu, meu divino criador, cuja cimitarra[37] brilha entre os deuses, tire dele a coroa e o trono da soberania! Que ele lhe imponha pesada culpa e grande pecado, que não se afastarão dele! Que ele encerre os dias, meses e anos de seu reinado com suspiros e lágrimas! Que ele multiplique os fardos de sua soberania! Que ele determine como seu destino uma vida semelhante à morte!

Que Adad, o senhor da abundância, o regente do céu e da Terra, meu ajudante, o prive da chuva do céu e das águas das fontes! Que ele leve sua terra à destruição por causa da carência e da fome! Que ele se solte furiosamente sobre sua cidade e transforme sua terra em um monte deixado por um redemoinho!

Que Za-má-má, o grande guerreiro, o principal filho de E-kur, que está à minha direita, destrua suas armas no campo de batalha!

Que ele transforme o dia em noite para ele e coloque seu inimigo sobre ele!

Que Ishtar, deusa da batalha e do conflito, que prepara minhas armas, a graciosa divindade protetora, que ama meu reinado, amaldiçoe o domínio dele com grande fúria em seu coração irado e transforme o bem em mal para ele (Col. 44). Que ela destrua as armas dele no campo de batalha e conflito! Que ela crie confusão e revolta para ele! Que ela derrube seus

---

[37] Espada de lâmina curva que se alarga na extremidade, usada por povos orientais.

guerreiros, que o sangue deles regue a terra! Que ela jogue os corpos de seus guerreiros sobre o campo em pilhas! Que ela não conceda a seus guerreiros (sepultamento?)! Que ela o entregue nas mãos de seus inimigos, e que eles o levem preso para uma terra hostil!

Que Nergal, o poderoso entre os deuses, o guerreiro sem igual, que me concede a vitória, em seu grande poder, queime seu povo como um fogo furioso de junco do pântano. Com sua poderosa arma, que ele o corte e quebre seus membros como uma imagem de barro!

Que Nin-tu, a exaltada senhora das terras, a mãe que me deu à luz, lhe negue um filho! Que ela não permita que ele tenha um nome entre seu povo nem gere um herdeiro!

Que Nin-kar-ra-ak, a filha de Anu, que me concede favores em E-kur, faça que seus membros sofram, até que a vida dele seja vencida, uma doença grave, uma enfermidade maligna, uma ferida perigosa, que não pode ser curada, que o médico não possa diagnosticar, que não pode ser aliviada com curativos e que, como a mordida da morte, não pode ser removida! Que ele lamente a perda de seu vigor!

Que os grandes deuses dos céus e da terra, os Anunnaki em sua assembleia, amaldiçoem com maldições devastadoras a parede do templo, a construção desse E-babbarra, sua semente, seu louvor, seu exército, seu povo e suas tropas!

Que Bel, com sua ordem que não pode ser alterada, o amaldiçoe com uma maldição poderosa e que ela caia sobre ele rapidamente!